Der Autor wurde 1950 in Erfurt geboren. Er studierte in Weimar Bauingenieurwesen und schloss das Studium 1977 mit der Promotion ab. Danach war der Autor bis zum Eintritt in den Ruhestand im Jahr 2015 in einem Erfurter Planungsbüro tätig.

Seit mehr als 40 Jahren beschäftigt sich der Autor mit romanischer und vorromanischer Kunst sowie mit der Geschichte des frühen Kirchenbaus vom frühchristlichen Kirchenbau bis zum Kirchenbau des 13. Jahrhunderts.

Veröffentlichungen des Autors zum Thema:

"Frühe Kirchenbauten in Mitteldeutschland. Alternative Rekonstruktionen der Baugeschichten"
2016, 132 S., BoD - Books on Demand, Norderstedt
ISBN: 9783743180703

"Der frühchristliche Kirchenbau - das Produkt eines Chronologiefehlers. Versuch einer Neueinordnung mit Hilfe der HEINSOHN-These"
Im Anhang u. a. *Exkurs: Die Erschaffung der karolingischen und ottonischen Baukunst*
2017, 280 S., BoD - Books on Demand, Norderstedt
ISBN: 9783848256686

"Das Heilige Grab in Gernrode - alles klar, oder? Eine alternative Baugeschichte"
Im Anhang *Exkurs: Die "Reliquienkammer" in der Ostkrypta der Stiftskirche in Gernrode*
2018, 60 S., BoD-Books on Demand, Norderstedt
ISBN: 9783746097381

Michael Meisegeier

Die ottonischen Kirchen St. Servatii, St. Wiperti und St. Marien in Quedlinburg

Eine notwendige Revision

© 2018
Herstellung und Verlag: BoD – Books on Demand,
Norderstedt.
ISBN: 9783752824902

Inhaltsverzeichnis

Vorbemerkungen

Die 2010 erfolgte Veröffentlichung der bisherigen archäologischen und baugeschichtlichen Forschungen zu den Quedlinburger Kirchenbauten St. Servatius, St. Wiperti und St. Marien auf dem Münzenberg in

LEOPOLD, Gerhard:
"Die ottonischen Kirchen St. Servatii, St. Wiperti und St. Marien in Quedlinburg"

bot dem Autor Gelegenheit, sich noch einmal und etwas intensiver mit diesen drei hochinteressanten Kirchenbauten Quedlinburgs zu befassen. Der Text LEOPOLDs, den dieser bereits 2002 vorgelegt hatte, wurde 2010 durch das Landesamt für Denkmalpflege und Archäologie Sachsen-Anhalt posthum veröffentlicht. Zur Stiftskirche St. Servatius hatte davor zuletzt 1980 VOIGTLÄNDER umfänglich publiziert.
LEOPOLD war als langjähriger Mitarbeiter des damaligen Instituts für Denkmalpflege Halle für die Quedlinburger Kirchenbauten zuständig.
Seine Arbeiten stellen einen bedeutenden Beitrag dar für die Erforschung der Baugeschichte dieser frühen Quedlinburger Bauten, als auch darüber hinaus, u. a. für die Marienkirche in Memleben, den Dom zu Halberstadt, die Dombauten zu Naumburg und Magdeburg.
LEOPOLDs unerschütterlicher Glaube an die so genannten zeitgenössischen Schriftquellen und an deren Wahrheitsgehalt versperrten ihm leider, und nicht nur ihm, sondern fast allen bisherigen Bauforschern, den Weg zu realistischen Rekonstruktionen der Baugeschichten.
Erst das Loslösen von den Gründungsmärchen der Schriftquellen und das Aufgeben einer verklärenden Sicht auf die Geschichte des frühen und hohen Mittelalters ebnen den Weg zu den wirklichen Baugeschichten.

Der Autor hat für das vorliegende Buch bewusst den Buchtitel der Veröffentlichung von LEOPOLD wörtlich übernommen, um den unmittelbaren Bezug auf diese Veröffentlichung deutlich zu machen. Aus Sicht des Autors wäre statt der Bezeichnung "ottonische Kirchen" der Terminus "frühromanische Kirchen" richtiger gewesen, da er die von den Historikern dargebotene Geschichte der Ottonen für ein weitestgehend frei erfundenes Konstrukt hält, womit die Ottonen als Protagonisten einer Kunst- und Geschichtsepoche grundsätzlich ausfallen.

Für die Stiftskirche St. Servatius hat der Autor bereits 2016 eine neue Rekonstruktion der Baugeschichte vorgeschlagen [MEISEGEIER 2016, 11ff]. Durch seine weitere Arbeit am Thema und das intensive Befassen auch mit den beiden anderen frühen Kirchen Quedlinburgs konnte der Autor seine Rekonstruktion der Baugeschichte und die Argumentation schärfen. Damit konnten zwar Teile des damaligen Textes einfach übernommen werden, jedoch machte sich die Beschäftigung mit dem so genannten "Gelben Mörtel" zusätzlich erforderlich. Der Abschnitt zur vorgeschlagenen neuen Rekonstruktion der Baugeschichte bedurfte einer grundsätzlichen Überarbeitung.

Kürzlich erschien ein Sonderdruck in den Beiträgen zur Ur- und Frühgeschichte Mitteleuropas 82 mit einem Artikel von SCHIMPFF, in dem er ein 2016 von BEHRENS erschienenes Buch mit dem Titel "Deutsche Königspfalzen im Harz von Werla bis Quedlinburg" anzeigt. In einem gesonderten Abschnitt geht er auf einen angeblich zweiten Kirchenbau auf dem Quedlinburger Schlossberg ein, welcher 1980 von BEHRENS entdeckt sein soll. Aufgefunden hatte BEHRENS damals, direkt vor dem Ostgiebel des nördlichen Schlossflügels, ein Apsisfundament und eine Brandschicht. Entsprechende Befunde im Bestand des Nordflügels wiesen unzweifelhaft auf einen Sakralbau hin. BEHRENS datierte diesen Bau in das 10. Jh. und sah in ihm die Burg- bzw. Pfalzkirche, in der Heinrich I. beigesetzt wurde und die 1070 abgebrannt ist. Später sei sie zu einer Art Doppelkapelle umgebaut worden. SCHIMPFF beklagt den Umgang mit den

8

Ergebnissen von BEHRENS schon durch das damalige Institut für Denkmalpflege Halle bis heute durch die Nachfolgeeinrichtung, das Landesamt für Denkmalpflege und Archäologie Sachsen-Anhalt, und hält eine "quellen- und nicht meinungsorientierte Diskussion" für überfällig [SCHIMPFF, 448].

SCHMITT, Mitarbeiter beim Landesamt für Denkmalpflege und Archäologie Sachsen-Anhalt, sieht in den Resten "die Ostteile mit Apsis der Äbtissinnenkapelle des frühen 13. Jahrhunderts" [SCHMITT, 272].

Der Autor kann der auf die Schriftquellen fokussierten Interpretation von BEHRENS nicht folgen. Die Schlossbauten sind vermutlich Nachfolgebauten der ehemaligen Stiftsklausur. Nach VOIGTLÄNDER werden 1199 das Dormitorium und das Refektorium erwähnt [18]. Eine Identifikation des Sakralbaus als Äbtissinnenkapelle, wie von SCHMITT vorgeschlagen, ist daher naheliegend. Eine Doppelkapelle wäre für einen Klausurbereich eher ungewöhnlich; aber ein zweigeschossiger Bau mit dem Kapitelsaal im Untergeschoss dagegen durchaus denkbar.

In seine damalige Veröffentlichung zu den frühen Kirchen in Mitteldeutschland hatte der Autor weder die Wipertikirche noch die Marienkirche auf dem Münzenberg aufgenommen, da er diese im Vergleich zur Stiftskirche auf dem Burgberg als jünger ansah. Unzweifelhaft sind diese beiden Kirchenbauten jedoch Bauten der frühen Romanik und "verdienen" die Bearbeitung.

Wie schon bei der Stiftskirche gelingt es dem Autor, insbesondere für die Wipertikirche eine alternative, glaubhaftere Baugeschichte vorzuschlagen, die deutlich von der Rekonstruktion LEOPOLDs abweicht.

Als LEOPOLD die Marienkirche bearbeitete, war die Reste der Klosterkirche noch innerhalb der auf dem Münzenberg vorhandenen kleinteiligen Wohnbebauung fast verborgen und nur sehr begrenzt zugänglich. Aus diesem Grund musste sich LEOPOLD für St. Marien im Wesentlichen auf die Anfang des 20. Jh. erfolgten Aufmaßarbeiten und baugeschichtlichen

Untersuchungen von ZELLER stützen, was seine Möglichkeiten sicher einschränkte.

Zum großen Glück sind die Reste heute aufgrund einer wirklich beispielhaften Privatinitiative zum großen Teil restauriert und werden dem Besucher durch einen Museumsverein ansprechend präsentiert.

Seit 2000 werden die baulichen Überreste von Dr. Michael Scheftel (Büro Bauforschung/ Denkmalpflege/Stadtgeschichte Lübeck) nach eigenen Angaben begleitend untersucht und dokumentiert.

Trotzdem steht leider bis heute eine moderne bauarchäologische Untersuchung der Reste der Marienkirche und die baugeschichtliche Interpretation der Ergebnisse aus. Die sporadischen, punktuellen Untersuchungen am Bau durch SCHEFTEL können eine solche sicher nicht ersetzen. Zum anderen sind auch heute noch einige für die Bewertung wichtige Bereiche des Baus durch noch genutzte Wohnbauten einfach nicht zugänglich.

Trotzdem ermöglichen die Arbeiten von LEOPOLD und SCHEFTEL den Autor, eine eigene Rekonstruktion der Klosterkirche vorzuschlagen, die für bisher offene Probleme, u. a. für die Emporen über den Seitenschiffen, glaubhaftere Lösungen anbietet.

Fragwürdige Schriftquellen

Um es vorwegzunehmen, wirkliche Baunachrichten für die frühe Baugeschichte gibt es für alle drei Bauten nicht.
Die Baugeschichte wurde sozusagen aus verschiedenen vermeintlich zeitgenössischen Schriftquellen erschlossen.

Als wichtigste und fast einzige Quellen sind hier zu nennen:

- *Res gestae Saxonicae* (Sachsengeschichte) des Widukind von Corvey,
  angebliche Entstehungszeit: um 967-973,
  Berichtszeit: Weltchronik-973

- *Vita Mathildis reginae,*
  angebliche Entstehungszeit: um 973, um 1002,
  Berichtszeit: 894-968

- *Annales Quedlinburgenses*
  Berichtszeit: Weltchronik-1025

- *Chronica Thietmari,*
  angebliche Entstehungszeit: 1012-1018,
  Berichtszeit: 901-1018

- *Chronik des Annalista Saxo,*
  angebliche Entstehungszeit: um 1140-um 1160

- *Annales Magdeburgenses,*
  angebliche Entstehungszeit: 1188-1200,
  Berichtszeit: Weltchronik-1188, 1453, 1460

Wie schon vom Autor in [MEISEGEIER 2016, 5ff] ausgeführt, ist es nach FAUßNER [ANWANDER zu FAUßNER 23f] erwiesen, dass die Sachsenchronik eine Fälschung des 12. Jh. durch Wibald (1098-1158), Abt von Stablo und Corvey, ist. Von FAUßNER sind schon andere für die Ottonenzeit so wichtigen zeitgenössischen Quellen wie die *Gesta Oddonis* der Hrotsvith von Gandersheim, die *Vita brunonis* von Ruotger, das *Ottonianum* von Heinrich II. und andere als Werke des Fälschers Wibald benannt worden [ILLIG 2007, 410].

Nach FRANZ ist neben der Sachsenchronik Widukinds auch die Chronik Thietmars zweifelsfrei durch Wibald im 12. Jh. geschaffen worden.

Ebenfalls nach FRANZ waren die Quedlinburger Annalen eine der Quellen Wibalds für die Chronik Thietmars [239]. Ausgehend von der bei ILLIG beschriebenen üblichen Arbeitsweise Wibalds, wonach die Originalquellen „bearbeitet" wurden und danach die Originale vernichtet wurden [ILLIG 2007, 408], muss man auch bei den Quedlinburger Annalen von einer Wibaldschen Bearbeitung ausgehen.

Die beiden Quellen *Chronik des Annalista Saxo* und *Annales Magdeburgenses* sind schon nach traditioneller Auffassung erst Werke des 12. Jh.

Wie schon aus seinen früheren Publikationen bekannt sein dürfte, steht der Autor den so genannten zeitgenössischen Schriftquellen äußerst kritisch gegenüber. Er hält sämtliche auf uns überkommene Chroniken, Urkunden und sonstige Schriftstücke vor dem und bis weit in das 12. Jh. hinein für Pseudepigraphen, d. h. Falschzuschreibungen, Fälschungen oder zumindest in späterer Zeit grundlegend überarbeitet. Davon sind alle Schriftquellen, die die karolingische und ottonische Zeit, aber auch die Zeit der Salier und Staufer betroffen.

Da sich die traditionelle Ereignisgeschichte des frühen und hohen Mittelalters maßgeblich auf diese Quellen stützt, sieht der Autor auch diese als verfälscht an.

Ebenfalls äußerst skeptisch sieht der Autor sämtliche Datierungen vor dem 12./13. Jh., die nach seiner Ansicht alle - wenn überhaupt reelle Datierungen und nicht erfunden - keine expliziten, sondern rückgerechnete Datierungen aus späterer Zeit sind.

Nach traditioneller Auffassung wurde die Zählung der Jahre ab Christi Geburt frühestens ab dem 11. Jh. verwendet.

Stefan Nehrkorn (62. Sitzung der Humboldt-Gesellschaft am 27.05.1998): "Die eigentliche Durchsetzungsphase der christianisierten Zeit ist erst das Hochmittelalter von 1000 bis 1300 ... Die allgemeine Verbreitung ist nicht vor dem 12. Jahrhundert erreicht." [http://www.humboldtgesellschaft.de /inhalt.php?name=christlich]

Beda Venerabilis soll in seiner berühmten *Historia ecclesiastica gentis Anglorum* angeblich zum ersten Mal die Jahreszählung nach Christi Geburt verwendet haben. Demgegenüber weist ARNDT [109ff] nach, dass die englische Geschichte bis in das 16. Jh. konstruiert ist. Er verweist auf JOHNSON, der bereits um die Jahrhundertwende zum 20. Jh. zu dem Schluss kommt, dass die englische Geschichte bis Heinrich VIII. (1491-1547) gefälscht sein muss [ARNDT, 113]. Nach JOHNSON sind alle Schriften, die dieser Zeit zugeordnet werden, wie z. B. die *Historia* Bedas, im 16. Jh. entstanden. Dem entsprechend wäre Beda ein Pseudepigraph, d. h. eine Falschzuschreibung. Schon ILLIG stellte zu Beda fest: "Vielmehr dürften wesentliche Schriften von ihm ins 12. Jahrhundert gehören, so daß der Begriff Pseudo-Beda angebracht wäre. Aber diese Bezeichnung ist bereits vergeben, kennt man doch weitere Schriften, die unter seinem Namen in Umlauf gesetzt worden sind ...." [ILLIG 2001, 127]. Oder lebte Beda erst im 12. Jh.?

Nach Wikipedia soll Hermann von Reichenau († 1054) in seinem *Chronicon* erstmals alle historischen Ereignisse zeitlich ausschließlich in Bezug zum Jahre der Geburt Christi gestellt haben. Um das Jahr 1060 soll diese Jahresrechnung von der römisch-katholischen Kirche in Gebrauch genommen worden sein. Dagegen ILLIG: "Im Lateran gab es bis ins 15. Jahrhundert keine urkundliche Ära-Datierung ... Mit der Datierung ihrer Urkunden nach Christi Geburt begann die Kurie erst 1431." [ILLIG 2001, 208]

Der Autor sieht die Einführung unserer heutigen Zeitrechnung erst zur Zeit der Kreuzzüge. Frühere Datierungen sind entsprechende spätere Rückrechnungen. Die Chronik des Hermann von Reichenau dürfte ein Pseudepigraph aus späterer Zeit sein.

Nachstehend einige ausgewählte Nachrichten zu den hier behandelten Kirchenbauten:

Stiftskirche St. Servatius
Die Nachrichten bei Widukind, in der *Vita Mathildis* und der Chronik Thietmars zu den Stifterpersonen König Heinrich I. und Königin Mathilde und die Bestattungen von beiden (936 und 968) sowie von Äbtissin Mathilde (999) sieht der Autor als Konstrukt ohne irgendeinen realen Hintergrund. Die Quellen sind Pseudepigraphen frühestens des 12. Jh.

Die Bestätigungsurkunde durch Otto I. bzgl. der Gründung eines Frauenstifts St. Servatius auf dem Berg durch seine Mutter Königin Mathilde mit erstmaliger Erwähnung der Kanoniker, deren Stift durch Mathilde in einen Hof im Tal verleg wurde, ist ohne Zweifel eine spätere Fälschung.

Am ehesten könnte man die Nachricht in den Quedlinburger Annalen als Baunachricht auffassen, wonach 997 die Weihe eines durch Äbtissin Mathilde veranlassten, höheren und weiteren Anbaus an die bestehende Kirche erfolgt sein soll. Die Zuverlässigkeit der Nachricht ist aufgrund der Erwähnung von Äbtissin Mathilde, angeblich Tochter Ottos I., äußerst zweifelhaft.

Darüber hinaus ist in den Quedlinburger Annalen für 1021 die Weihe von sechs Altären in Anwesenheit Kaiser Heinrich II. mit einem ausführlichen Altarweihebericht vermerkt. Die Erwähnung Kaiser Heinrich II. in der Nachricht macht diese der Fälschung, zumindest aber der späteren Manipulation höchst verdächtig.
Für die frühe Zeit ist die hohe Anzahl der Altäre ungewöhnlich, was ebenfalls für eine Falschnachricht sprechen würde.

Der Autor geht von einer "Bearbeitung" der Quedlinburger Annalen im 12. Jh. aus.

Die Weihe von 1129, die traditionell auf den heute stehenden Bau bezogen wird, soll durch König Lothar III. unter Mitwirkung der Bischöfe von Hildesheim und Minden vollzogen worden sein. Diese Nachricht aus der *Chronik des Annalista Saxo* dürfte genauso manipuliert sein. Für Quedlinburg war eigentlich das Bistum Halberstadt zuständig. Wieso erfolgte die Weihe durch König Lothar und die Bischöfe von Hildesheim und Minden? Zuständiges Erzbistum war Magdeburg.

Kirche St. Wiperti

Für die Wipertikirche sind die Nachrichten wirklich spärlich. In der *Vita Mathildis reginae*, den *Annales Magdeburgenses* und in der *Chronik des Annalista Saxo* ist jeweils die Nachricht zu finden, dass nach Gründung des Servatiusstifts 936 durch Königin Mathilde die Verlegung des Wipertistifts vom Berg ins Tal erfolgt sei. Zweifellos ist diese Nachricht dem Konstrukt der Ottonen zuzurechnen und entbehrt jeder Realität. Die drei o. a. Quellen sind natürlich keine unabhängigen Quellen, weshalb es nicht verwundert, dass diese Nachricht in diesen etwa gleichlautend enthalten ist.

Klosterkirche St. Marien auf dem Münzenberg

Nach den Quedlinburger Annalen soll das Benediktinerkloster St. Marien auf dem Münzenberg eine 986 erfolgte Stiftung zum Gedächtnis Kaiser Otto II. durch dessen Schwester Mathilde, Äbtissin des Servatiusstiftes in Quedlinburg, gewesen sein. Diese Nachricht entlarvt sich auf den ersten Blick als Konstrukt - außer vielleicht unverbesserlichen Quellengläubigen.

Ob der überlieferte Brand im Jahr 1015 den Tatsachen entspricht, ist äußerst fraglich. Bei den bisher stattgefundenen Bauuntersuchungen, z. B. von SCHEFTEL, wurden bisher keine Brandspuren vermerkt, obwohl er diesen prinzipiell nicht in Zweifel zieht.

Die Nachricht über die Neuweihe 1017 durch Erzbischof Gero von Magdeburg und Bischof Arnulf von Halberstadt in Gegenwart Kaiser Heinrich II., enthalten in der bereits oben als Pseudepigraph enttarnten Chronik Thietmars, ist auf jeden Fall anzuzweifeln.

Auch die in den Quellen erwähnten Schenkungen durch Konrad II. sowie Heinrich IV. 1036 bzw. 1063 dürften Erfindungen sein. Damit ist für die Münzenbergkirche zu konstatieren, dass alle in den Schriftquellen enthaltenen Nachrichten vor dem 12. Jh. im Prinzip wertlos sind.

Die Stiftskirche St. Servatius

Die Stiftskirche St. Servatius in Quedlinburg ist hinsichtlich der Baugeschichte sicher einer der interessantesten Kirchenbauten Mitteldeutschlands. Durch die historischen Bezüge als angeblicher Bestattungsort des ersten deutschen Königs Heinrich I. und seiner Gemahlin Königin Mathilde bestand schon sehr früh ein großes Interesse, insbesondere an der Situation um die Grabanlage Heinrich I.
Die damit verbundene relativ gute Quellenlage zu den bisher erfolgten Bauuntersuchungen gestattet eine detaillierte Auseinandersetzung mit den bisherigen Forschungs-ergebnissen. Eine Zusammenstellung der bisherigen Bearbeitungen bis 2008 hat VON DER FORST [2008] vorgelegt. Danach erschien nur noch von LEOPOLD im Jahr 2010 eine neuere Veröffentlichung zur Stiftskirche.

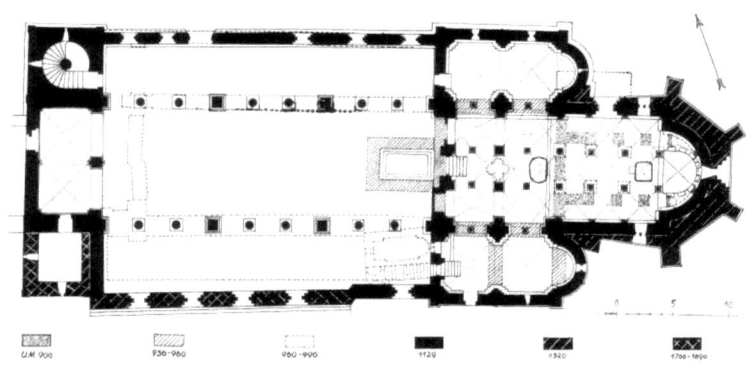

Grundriss aus [LEHMANN, 10]

Grabungen durch GIESAU und WÄSCHER

Erste umfangreiche Grabungen - durch die Nationalsozialisten beauftragt, die die Stiftskirche in eine nationalsozialistische Weihestätte umwandeln wollten - wurden in den Jahren 1938/41 durch GIESAU und WÄSCHER zur Klärung der Situation um das Grab Heinrich I. und zu den Vorgängerbauten durchgeführt.

Die Publikation über die Ergebnisse der Ausgrabungen konnte WÄSCHER erst 1959 herausbringen. GIESAU war bereits 1949 verstorben. [LEOPOLD, 14]

Im Ergebnis sah WÄSCHER [nach VOIGTLÄNDER, 87ff] die zeitliche Bauabfolge an der Stelle der heutigen Stiftskirche wie folgt:

• Großer Saalbau (Mitte 1. Jahrtausend)

• Weiterer jüngerer Saalbau, durch Pfostenlöcher identifiziert

• 3-schiffige Basilika /erste steinerne Kirche / Abmessungen 12 m x 12 m mit Apsis (2. H. 9. Jh.). „Confessio" später eingebaut.

• Verlängerung nach Westen etwa auf die doppelte Länge und Annexbau im Westen (936)

• Anbau eines Langhauses mit Lage und Abmessungen des heutigen Langhauses / bestehender Bau als Ostbau einbezogen / Westbau (968-997)

• Erneuerung Ostbau mit Einbau einer Krypta in den Abmessungen der 1. Kirche (vor 1021), Aufgabe der „Confessio"

- Nach Brand 1070 völliger Neubau auf den Fundamenten des Vorgängerbaus mit Einbeziehung des Westteils der Krypta von vor 1021 (1070-1129)

Gelber Mörtel

WÄSCHER und GIESAU haben bei ihren Grabungen selbstverständlich auch die Baumaterialien und die Ausführungsart erfasst und diese zur Feststellung der Bauphasen und zur Datierung verwendet.

Eine besondere Bedeutung hatte bei WÄSCHER der so genannte "gelbe Mörtel", der übrigens auch an der nahegelegenen Wipertikirche und vielleicht sogar an der Klosterkirche auf dem Münzenberg [SCHEFTEL 2006, 174, Fußnote 9] festgestellt wurde.

"Besonders die Beachtung des verschieden zusammengesetzten Mörtels war von großem Interesse. ... daß der früheste Mörtel ganz zähflüssig aus Bodekies mit Kalk hergestellt war. Die Fundamente eines anderen Baues, die in den Felsen eingetieft sind, sind ohne Mörtel mit Steinbrocken und Erde ausgezwickt, in die Fugen ist aber teilweise der Mörtel von dem gleichzeitigen aufgehenden Mauerwerk eingeflossen. wieder ein anderer Mörtel, der von den Bauten des 10. Jahrhunderts stammt, ist leuchtend gelb von dem hier verwendeten Lehhofsand und mit Gips gebunden. Die Fundamentmauern dieser Bauzeit sind aus den örtlich gewonnenen gelben eisenhaltigen Sandsteinbrocken errichtet, desgleichen die Gewölbe, deren Fugen mit einem auffällig silbergrauen Gipsmörtel ausgeworfen sind, der auch für den gesamten Estrich und die Stuckarbeiten dieser Zeit verwendet wurde. Die aufgehenden Mauern dieser frühen Bauperiode sind aus sorgfältig behauenen Bruchsteinen mit bedeutend niedrigeren Schichthöhen als das Mauerwerk der Bauten des 12. Jahrhunderts errichtet. Bei letzteren ist sowohl für das

Mauerwerk, wie für den Fußbodenestrich und die Stukkaturen ein blütenweißer Gipsmörtel verwendet worden." [WÄSCHER, 24]

"Wie bei allen Bauten vom Ende des 10. Jahrhunderts sind auch die Fundamentmauern des Kirchenbaus aus Bruchstücken des mit eisenhaltigen Adern durchsetzten gelben Sandsteines und dem leuchtend gelben Mörtel, die aufgehenden Mauern aber aus grünlichen, sehr harten Sandsteinquadern mit dem uns schon bekannten silbergrauen Mörtel ... Das Material der Fundamente des Baus von 1129 hebt sich durch die verwendeten weißen Sandsteinblöcke mit weißem Mörtel ... ganz deutlich ab." [WÄSCHER, 36]

Der "gelbe Mörtel" wurde von WÄSCHER an folgenden Bauteilen gefunden (nach [LEOPOLD]):

- zweite Schicht in den Fundamenten der Mittelschiffsarkaden [ebd., 48]

- Ostwandfundament im nördlichen Querarm [ebd., 32]

- Fundamentecke nördlich der Nordostecke des Chores [ebd., 32]

- zwei westliche Kryptajoche und Arkade zum südlichen Querarm [ebd., 34, 59]

- Kapelle St. Nicolai in vinculis und Treppenraum [ebd., 42]

- Fundament südlich der Confessio [ebd., 59] (Konnte vom Autor leider weder bei LEOPOLD noch bei WÄSCHER identifiziert werden.)

- Spannfundament unter der Ostwand des heutigen Turmzwischenbaus [ebd., 56] (wird von LEOPOLD bezweifelt)

Es erhebt sich natürlich die Frage, wie WÄSCHER zu der Datierung "um 1000" für den gelben Mörtel kam?

Soweit vom Autor erkennbar, ordnete er den "gelben Mörtel" zwei seiner, von ihm (falsch) rekonstruierten Bauphasen zu und verband diese dann mit der Baunachricht von 997 und der Nachricht über die Weihe von 1021, nach Auffassung des Autors beides spätere Fälschungen.

WÄSCHERs Datierung "um 1000" ist somit auf einen Zirkelschluss seinerseits zurückzuführen.

Nachfolgend setzte er alle Bauteile, wo der "gelbe Mörtel" festgestellt wurde, der Zeit "um 1000" zu.

Noch schwerwiegender wirkte sich ein weiterer Fehler WÄSCHERs aus. Aus den unterschiedlichen Baumaterialien schloss er auf zeitlich separate Bauphasen, ohne in Erwägung zu ziehen, dass es Gründe geben könnte, ein anderes, z. B. billigeres Baumaterial am selben Bau einzusetzen.

Durch diese äußerst problematische Verfahrensweise entstand ein völlig falsches Bild der Baugeschichte.

Leider haben LEOPOLD, aber auch VOIGTLÄNDER, diese Fehler WÄSCHERs im Wesentlichen kritiklos übernommen.

So schloss z. B. LEOPOLD aus den drei Schichten der Arkadenfundamente, darunter der "gelbe Mörtel" in der zweiten Schicht, auf drei verschiedene Kirchenbauten an derselben Stelle [LEOPOLD, 41] - natürlich ein fataler Fehlschluss.

Plausibler ist, dass man bei den vorbereitenden Baumaßnahmen generell so vorging, wie SCHEFTEL für die Münzenbergkirche aus Mauerwerksuntersuchungen festgestellt hat: "Dabei trug man zur Vorbereitung des Baugrundes zunächst die oberste, brüchige Sandsteinschicht ab und mauerte mit diesem Material die Grundmauern bis auf eine Höhe von ca. 60-80 cm auf." [SCHEFTEL 2006, 173f]

Vermutlich legte man bei Baubeginn die Grundmauern mit dem am Ort anfallenden Material grob an, danach, in einem folgenden Schritt, mauerte man diese weiter auf, wobei man auf preisgünstiges Liefermaterial eines örtlichen Lieferanten, z. B. gelber Sandstein und gelber Mörtel, zurückgriff, bis man dann die endgültige aufgehende Konstruktion aus dem Liefermaterial errichtete, das für den aufgehenden Bau vorgesehen war. Größere zeitliche Abstände zwischen den einzelnen Bauschritten sind dabei keinesfalls zwingend, drei verschiedene Kirchenbauten schon gleich gar nicht.

Verwendung fand der "gelbe Mörtel" offensichtlich für untergeordnete bzw. später zu verputzende Bauteile.

Der Autor geht davon aus, dass diese ortsnahe Baustoffquelle für den "gelben Mörtel" über einen gewissen Zeitraum zur Verfügung stand; die erste Verwendung etwas vor bzw. um die Mitte des 11. Jh., die späteste vielleicht Anfang des 12. Jh.

Bisherige Rekonstruktionen der Baugeschichte

Seit der Veröffentlichung der Grabungsergebnisse haben sich zahlreiche namhafte Experten zur Rekonstruktion der frühen Baugeschichte dieser angeblich für die Ottonenzeit so wichtigen Kirche geäußert.

Nach Auffassung LEOPOLDs gelang es "ihren Verfassern ... jedoch nicht, die von Wäscher und Giesau mitgeteilten Beobachtungen mit der historischen Überlieferung so weit zur Deckung zu bringen, dass sich für das 10. und 11. Jahrhundert ein einigermaßen gesicherter Bauablauf ergab." [LEOPOLD, 14]

Zur Klärung der "Ungereimtheiten" beschäftigte sich LEOPOLD intensiv mit allen erreichbaren Unterlagen der Grabungen und führte "an einigen entscheidenden Stellen eine Nachprüfung der Befunde am Ort" durch [ebd., 14].

Im Ergebnis konnte er eine eigene Interpretation der Baugeschichte präsentieren, die nachfolgend in kurzer Form wiedergegeben wird (Die nachfolgenden Quellenangaben entsprechend [LEOPOLD]):

Bau Ia: *Burgkirche König Heinrich I.*
Kleine 3-schiffige Anlage, 12 m breit, 15 m lang, innen 10 m x 9,5 m. Das Mittelschiff hatte eine Breite von 4,5 m, die Seitenschiffe je 1,7 m. Die Stützen Pfeiler mit quadratischem Querschnitt. Das Mittelschiff mit Ostapsis. Im Westen möglicherweise sehr kleine Empore. Der Bau wahrscheinlich mit basilikalem Querschnitt. Die Kirche war dem hl. Petrus und dem hl. Servatius gewidmet. [15ff]
Westlich anschließend, entsprechend dem Verlauf des südlichen Steilhangs leicht abgewinkelt, ein 27,5 m langer Rechtecksaal, der so genannte "Stein-Erdbau", evtl. das Palatium der ersten Burg. Von diesem Reste der Süd- und Westwandfundamente (1,30 m bzw. 1,60 m dick) ergraben. Das Südwandfundament setzt an der Südwestecke des o. a. kleinen 3-schiffigen Baus an. Aufgrund der Fundamentdicke nimmt LEOPOLD einen massiven Wandaufbau darüber an. Im Bereich dieses Fundaments wurden großflächige Putzreste mit Abdruck von Binsengeflecht gefunden; nach LEOPOLD von einer ehemaligen Decke eines Raumes. Die Nordwand wurde nicht ergraben. (LEOPOLD sieht diese in Fortsetzung der Nordwand der o. a. kleinen 3-schiffigen Anlage.) Der Saal hatte keine eigene Ostwand, d. h. er wurde nachträglich an die 3-schiffige Anlage angebaut oder gleichzeitig mit ihr errichtet. Aufgrund von Pfostenlöchern geht er von einem Einbau in diesem Saal aus. [21f]
Datierung: "Nach den im Bereich des Quedlinburger Schlossbergs geborgenen Funden, unter denen bisher keine vor dem 10. Jahrhundert gefertigte mittelalterliche Ware entdeckt werden konnte, war dieser zwischen der römischen Kaiserzeit und dem 10. Jahrhundert offenbar nicht besiedelt. Die erste nachweisbare Anlage auf dem Berg wird also kaum vor dem 10. Jahrhundert entstanden sein. Sie war aber 922 sehr wahrscheinlich schon vorhanden, als der Ort

"Quedlinburg" zum ersten Mal in den überlieferten Schriftquellen genannt wird." [15]

Bau Ib: *Erweiterung der Burgkirche*
Erweiterung des bestehenden Baus I durch westlichen Anbau eines gleich breiten, quadratischen Raumes, der den Bereich der heutigen Vierung einnahm. In dessen Mitte ein großes, aus Stuck hergestelltes Taufbecken eingetieft. Offensichtlich war der Anbau als Laienbereich vorgesehen. Vermutlich zugleich mit dem Anbau wurde die innere Unterteilung der alten, ursprünglich 3-schiffigen Anlage aufgehoben und mit dem Neubau zu einem großen Saalraum räumlich verbunden. Der alte, westlich anschließende Rechtecksaal wurde um die Anbaulänge verkürzt. [22]
Von den Wänden der Erweiterung waren nur Teile ihrer Fundamente erhalten.
Datierung: "Die kurze dreischiffige Petruskirche erwies sich offenbar schon bald nach ihrer Errichtung als zu klein." [22]
"Mit ihm (dem geringen Platz vor dem Hauptaltar von 7 m x 4,5 m - der Verf.) hätten sich bei ihren Besuchen der Burg auch der König und seine Begleitung begnügen müssen. Dieser Zustand wird wahrscheinlich sehr bald eine Erweiterung des Raums notwendig gemacht haben, ..." [16]
LEOPOLD vermutet, dass das Taufbecken für die Taufe von Heinrich I. drittem Sohn Heinrich angefertigt wurde, der 922 in Quedlinburg beim Osterfest getauft sein könnte (nach einer Hinweis von ALTHOFF). LEOPOLD spekuliert munter weiter, dass es wenig wahrscheinlich sei, dass damals noch die kleine dreischiffige Kirche aufrecht stand. Er datiert deswegen den Umbau vielleicht schon 919 oder sogar noch früher, spätestens um 922 [25].

Bau II: *Stiftskirche der Königin Mathilde*
Nach völligem Rückbau des Erweiterungsbaus (Bau Ib) Neubau der Vierung bei Wiederverwendung der Fundamente des Baus Ib. Im Bereich der Vierung je ein gleichlanger Annexbau im Norden und Süden.

Im Westen wurde ein Rechtecksaal als Langhaus angefügt. Damit entstand ein kreuzförmiger Grundriss. Das Langhaus war zur Vierung mit großem Bogen geöffnet. Der Fußboden im Langhaus lag zwei Stufen höher als der in der Vierung. In den Querarmen sieht LEOPOLD aufgrund der geringen Höhe des Mittelpfeilers von 3,30 m Emporen.

In der Westwand und den Mittelpfeilern der Vierung sind noch Reste dieses Baus vorhanden.

Die „Confessio" wurde nachträglich eingebaut und war ursprünglich eine gewölbte Krypta. Die Krypta könnte schon zu Bau Ib gehört haben, ist möglicherweise aber auch jünger. Da der Stuck der Nische mit dem Sarg Mathildes jünger ist als der übrige Stuck, ist die Anlage vor 968 zu datieren. Die „Confessio" wurde zwischen 999 und 1021 wieder abgebrochen.

Nicht einordnen konnte LEOPOLD den zweiten Reliquienschacht westlich des Hauptaltars (im Osten der Vierung). Die Anordnung eines zweiten Altars vor oder hinter dem Hochaltar sei selten. [39f]

Westlich der Vierung wurde der so genannte Stufenraum errichtet. Er wurde nachträglich direkt an das westliche Fundament der Vierung (Bau Ib) angebaut. Die Fußbodenhöhe in ihm war gleich der in der Vierung. Der Raum war vermutlich mit einer Tonne überwölbt, wobei die Dicke der Westwand dabei nicht erklärlich ist. Der Zweck des Stufenraums ist unklar, entweder Reliquienkammer oder Grabkammer für Sarg Heinrich I., worauf es jedoch keinerlei Hinweise gibt. Der Stufenraum wurde bei Bau des Langhauses für Bau III wieder abgebrochen. [44ff]

GIESAU und WÄSCHER wiesen diese Anlage aufgrund desselben Baumaterials noch der Erweiterung der Burgkirche (Bau Ib) zu. Für LEOPOLD stand dagegen fest, dass diese erst im Zusammenhang mit dem Bau des Langhauses der ersten Stiftskirche errichtet wurde [47].

Datierung: Nach LEOPOLD ist dieser Bau die 936 auf Weisung der Königin Mathilde begonnene Stiftskirche.

WÄSCHERs Rekonstruktion des Baus von 936 (siehe oben, Nr. 4) weist LEOPOLD mit dem Argument zurück, dass die bescheidene Größe und Gestaltung nicht „zu der Bestimmung als Kirche eines Damenstifts passen, das die Königinwitwe selbst, sicher mit nachdrücklicher Unterstützung ihres Sohnes, des späteren Kaisers Otto des Großen, gegründet hatten und dem sie dann 30 Jahre lang vorstehen sollte" [26].

Bau III: *Stiftskirche der Äbtissinnen Mathilde und Adelheid I.*
Umfassender Neubau. Der Langhaussaal von Bau II und der Stufenraum wurden abgebrochen und ein 3-schiffiges Langhaus neu errichtet.

Zur Verbindung der seitlichen Emporen und als bauzeitliches Provisorium zur Abschirmung der Baustelle (Langhaus) wurde im Westen der Vierung eine Empore errichtet (die erhaltenen westlichen zwei Joche der heutigen Krypta). Diese wurde jedoch später nicht zurückgebaut. Der Emporeneinbau erfolgte auf der Südseite vor dem Arkadenbogen des Baus II, dessen Doppelarkade kurz vor dem Emporeneinbau errichtet wurde. [58ff] (Auf der Nordseite die Doppelarkade ist hochromanisch.)

Bis 999 waren das Langhaus und Teile der Krypta fertiggestellt (Weihe 997). Die Krypta war vor 1021 komplett fertig und genutzt. „Für ihre damalige Fertigstellung sprechen vor allem die beiden westlichen Joche, die man sicher abgebrochen hätte, wenn östlich von ihnen keine Krypta entstehen sollte." [62]

Nach Abbruch des Stufenraums wurden die Chortreppenläufe errichtet, zwischen diesen der Kreuzaltar angeordnet. „Der Kreuzaltar wurde auffälligerweise damals (1021 – der Verf.) neu geweiht, obwohl er eigentlich schon seit der Fertigstellung des Langhauses im Jahre 997 benutzt worden sein muss." [65]. Im Mittelalter erfolgte der Zugang zur Krypta ausschließlich aus den Seitenschiffen.

Fertigstellung des Chores über der Krypta mit Aufstellung des Heinrichsarkophags dort, wofür es jedoch keinerlei Belege gibt.

Die Seitenaltäre standen in den Querhausarmen, vielleicht vor je einer Apsis, der Hauptaltar vor der Hauptapsis im Chor.

Der Westbau wird von GIESAU und WÄSCHER als "»rechteckige, in das Innere des Langhauses vorgezogene Empore mit darunter liegender Vorhalle, von dem Hauptschiff durch Arkaden getrennt, die Nebenräume in den Seitenschiffen ebenfalls durch Arkaden von diesen getrennt ... Ihre Westwände bilden die runden Treppentürme«" [56] beschrieben. Aufgrund des archäologischen Befunds sieht LEOPOLD für diese Rekonstruktion keinen Nachweis, hat aber keinen besseren Vorschlag. Er resümiert: " In der vorgeschlagenen Ausbildung fügt er sich jedoch gut in die Reihe der erhaltenen oder erschlossenen Westwerke der frühen Stiftskirchen ein." [57]

Im Untergeschoss wurde die Kapelle St. Nikolai in vinculis einschließlich Treppenaufgang nachträglich an die Westwand des südlichen Querbauannexes angebaut. Der Treppenaufgang schloss im Westen an einen älteren kleinen Tonnengang an, der ursprünglich nach Westen weiterführte. Die Kapelle mit Treppengang ist baueinheitlich, d. h. kein nachträglicher Umbau eines Vorgängerbaus.

Datierung: Beginn des Neubaus unter Äbtissin Mathilde um 970. Weihe des Langhauses 997. Schlussweihe 1021.

Bau IV: *Stiftskirche der Äbtissinnen Adelheid II. und Agnes I.*
Bei einem Brand im Jahr 1070 erlitt die Stiftskirche schwere Schäden. Danach erfolgte ein weitgehender Neubau bei Verwendung älterer Bauteile im Osten (in Krypta und Vierung). Die Weihe 1129. Dieser Bau ist der bestehende Bau. Unklar ist für LEOPOLD die lange Bauzeit von fast 60 Jahren.

Während der Bauzeit sind zahlreiche hochherrschaftliche Besuche in Quedlinburg in den Quellen bezeugt (1079 Rudolf von Schwaben, 1085 Kirchenversammlung, 1088 Fürstenversammlung unter Heinrich IV., 1105 Fürstenversammlung unter Heinrich V., 1121 Heinrich V.).

Bemerkenswert ist aber auch, dass LEOPOLD [15] aufgrund der Grabungsbefunde eine "Siedlungslücke" auf dem Burgberg zwischen der römischen Kaiserzeit und dem 10. Jh. feststellt. Eine Interpretation liefert er nicht. Bedenkt man die eingangs beschriebene Quellenproblematik, dürfte die Lücke sogar noch etwas größer sein. Eine Erklärung bietet vielleicht die HEINSOHN-These (siehe MEISEGEIER 2017).

Neben LEOPOLD haben sich noch andere renommierte Bauforscher mit der Baugeschichte der Quedlinburger Stiftskirche mehr oder weniger intensiv befasst.

Während OSWALD [OSWALD / SCHAEFER / SENNHAUSER, 263ff] im Wesentlichen WÄSCHER folgt, existiert für JACOBSEN [JACOBSEN / SCHAEFER / SENNHAUSER, 332f] bis 997 die vor 936 errichtete, kleine 3-schiffige Kirche (Bau I), in die vor 968 die „Confessio" eingebaut wurde. Erst 997 wird Bau I nach Westen erweitert durch einen „Großraum" (Wandpfeilerbau) und einen Sepulkralbau als dessen Westannex (Bau II). JACOBSEN [ebd., 333] ist sich unsicher, ob die Langhausfundamente dieser Phase angehören. Danach nimmt er eine zügige Fertigstellung in den heutigen Abmessungen bis 1021 an (Bau III).

JACOBSEN legt unter dem Eindruck der neueren Veröffentlichungen von VOIGTLÄNDER und LEOPOLD zum Thema modifiziert nach [JACOBSEN, 63-72]. Er hält die kleine 3-schiffige Kirche, deren Errichtung er im 1. Drittel des 10. Jh. sieht, für die Pfalzkapelle (Patrozinium St. Peter), die für ihn gleichzeitig die Kirche des Kanonikerstifts war. Nach JACOBSEN sei der Grund für die Rekonstruktion einer Apsis im Bereich der „Confessio" das Grab Heinrich I. Ab 936 erfolgt die Umwandlung in ein Kanonissenstift. Die Fundamente westlich der Kirche gehören für ihn zu einem Profanbau der Pfalz. Dieser kleine Bau bestand im Wesentlichen bis auf den nachträglichen Einbau der „Confessio" unter Königin Mathilde unverändert bis 997. Er stellt deutlich abweichend zu LEOPOLD fest: „... so bleibt die Tatsache bestehen, dass es in Quedlinburg bis zum Ausgang des 10. Jahrhunderts jedenfalls keine respektable Stiftskirche gegeben hat." [64]. Als Bau II sieht er eine kreuzförmige Saalkirche mit dem Bau I als Chor. Das Querhaus bestand aus drei Kompartimenten – einem quadratischen Mittelraum und schmalere Seitenräume, die jeweils durch Doppelarkaden vom Mittelraum abgeteilt wurden und wahrscheinlich Emporen trugen. In den Winkeln zwischen Chor und Querflügel nimmt er in seine Rekonstruktion kapellenartige Apsisräume auf, worin er zwar der Rekonstruktion LEOPOLDs folgt, deren Existenz er jedoch für durchaus offen hält [64, Verweis auf Fußnote 27, S. 71] (bei LEOPOLD sind solche jedoch nur in einem Rekonstruktionsversuch unvollständig angedeutet). Der Mittelraum war für ihn ursprünglich ein lichter hoher Innenraum, der zum Langhaussaal im Westen geöffnet war. Der Bau II wird von ihm in das Jahr 997 datiert. Das Langhaus und den nachträglich an das Querhaus im Westen angebauten Stufenraum ordnet er einem Umbau des Baus II zwischen 997 und 1021 zu. Der Stufenraum sei für den Sarg Heinrich I. als Übergangslösung errichtet worden. Das Langhaus sei die Behelfskirche für die Zeit des Neubaus (Bau III) gewesen. Der Bau III wurde nach JACOBSEN nach 999 bis 1021 als 3-schiffige Basilika mit Querhaus und Ostchor errichtet. Als Patron ist 997 St. Servatius genannt, 999 jedoch wieder Petrus und Stephan, wobei JACOBSEN den Petrus- und Stephanusaltar im Osten sieht, und den Servatiusaltar westlich.

LEOPOLD weist die Rekonstruktion von JACOBSEN u. a. mit folgenden „Argumenten" zurück:

- dass nur wenige Stiftsdamen in der Anfangszeit vorhanden waren, ist ganz unwahrscheinlich

- die Königin hat zweifellos mit Nachdruck für Vollzähligkeit der Stiftsdamen gesorgt

- die Nachricht in den Quedlinburger Annalen, dass die Königin das „coenobium" (Übersetzung: Kloster) zu errichten begann, wird von LEOPOLD so interpretiert, dass der Bau der Stiftsgebäude und vor allem der Stiftskirche veranlasst wurde da dem Stift in den ersten 30 Jahren eine Königin selbst vorstand und keine Äbtissin, konnte sie sich nicht mit dem kleinen Bau begnügen

- die Kirche hatte bei Besuchen den König und seinen Hof aufzunehmen

- andernorts wurden kaiserliche Monumentalbauten errichtet wie die Moritzklosterkirche, der Palast und die erzbischöfliche Dom in Magdeburg und die Marienkirche in der Pfalz Memleben.

Aber er führt auch bauliche Argumente, insbesondere zu den Querhausarmen und zum Langhaus gegen JACOBSEN an. Er verweist auf dieselbe Bautechnik bei den Querarmen, bei dem Saal einschließlich der südlichen Sicherungsbauten und beim Stufenraum und die völlig andere Bautechnik bei den westlichen Kryptajochen und der Kapelle St. Nicolai in vinculis.

Die von LEOPOLD gegen JACOBSEN vorgetragenen „Argumente" sind sämtlich nicht tragend. Sie sind fast durchweg Vermutungen und reine Spekulationen. Weder die Moritzklosterkirche, noch der Palast in Magdeburg, noch die Marienkirche einschließlich der ganzen Pfalz in Memleben wurden bisher - trotz intensiver Suche der Archäologen - aufgefunden. Letztendlich bleibt, wenn man die "Schriftquellen" außer Acht lässt, von den so genannten Argumenten nichts mehr übrig.

Nach BELLMANN [53f] war die erste steinerne Kirche die Außenkrypta zu dem ergrabenen Langbau/Saalbau und die „Confessio" die Krypta für das Schachtgrab der hl. Laurentia und hl. Stephana. Dieser Rekonstruktion ist zu widersprechen. Dem Autor ist kein einziger Fall bekannt, wo in einer Außenkrypta eine gesonderte Krypta angelegt wurde. BELLMANN ist jedoch dahingehend recht zu geben, dass die „Confessio" zunächst eine normale Krypta war.

LEHMANN [21] folgt für den Bau im Wesentlichen der Rekonstruktion Wäschers. Er sieht in der „Confessio" nicht eine Krypta, sondern von Anfang an ein Oratorium zur Verehrung des Heinrichsgrabes. Die Argumente, die LEHMANN gegen die Interpretation von BELLMANN vorbringt, dass die „Confessio" eine Krypta war, sind alle nicht stichhaltig.

UNTERMANN [176] äußert sich mit einer abweichenden Rekonstruktion der frühen Bauphasen, wobei er eingesteht, dass die Deutung der älteren Kirchenbauten umstritten ist. Er geht von einer um 920 erbauten Burgkirche als Saalbau aus. Diese hätte sich erstreckt vom heutigen Ostschluss bis zu dem von Wäscher vor dem jetzigen Westbau im Langhaus ergrabenen Querfundament. Dieses nimmt er als Fundament für den ehemaligen Westschluss an. Im Ostteil war ein großes, vierpassförmiges Taufbecken in den Boden eingelassen [182]. Dieser Saalbau erhielt nach 936 Nebenräume am Sanktuarium sowie Querarme, die er analog Meschede zweigeschossig annimmt. Damit hätte der Grundriss weitgehend den karolingischen Damenstiftskirchen in Gandersheim und Essen entsprochen. Hier bezieht sich UNTERMANN auf die vage Bemerkung von JACOBSEN zur Damenstiftskirche in Gandersheim [JACOBSEN / SCHÄFER / SENNHAUSER, 134], wonach für den Bau I eine Grundrissanlage analog dem Altfriedbau des Essener Münsters zu erwägen sei.
Nur ganz kurz dazu: Schon die Ähnlichkeit zwischen Gandersheim und Essen ist fragwürdig, da vom Gründungsbau in Gandersheim nichts bekannt ist. Wegen der späteren Errichtung könnte für Gandersheim auch eine direkte Beeinflussung aus Essen vorliegen (Der Altfriedbau bestand zur Bauzeit von Gandersheim noch).
Die Krypta, gemeint ist die „Confessio", sei nach dem Erwerb der Reliquien 962/964 nachträglich eingebaut worden. Wegen dem einzigen Zugang über eine schmale Treppe hätte diese der sicheren Aufbewahrung von Reliquien unterhalb des Hochaltars gedient. UNTERMANN sieht im späten 10. Jh. den Neubau des Langhauses als 3-schiffige Basilika. Dieser Baumaßnahme weist er die Weihe von 997 zu. Später wurden auch die Ostteile neu errichtet (Weihe 1021).

Dass das Thema trotzdem noch nicht als erledigt betrachtet werden kann, ist aus den doch z. T. sehr unterschiedlichen

Rekonstruktionen ersichtlich – obwohl alle im Wesentlichen auf denselben bauarchäologischen Untersuchungen basierend, den Grabungen von WÄSCHER und GIESAU.

Das Manko aller bisherigen Rekonstruktionen ist, dass deren Verfasser alle versucht haben, ihre Rekonstruktionen in Übereinstimmung mit den in den Quellen überkommenen schriftlichen Nachrichten zu bringen, wie widersprüchlich diese auch sind.
Lässt man diese außen vor, gelingt möglicherweise eine glaubhafte Rekonstruktion der Baugeschichte.

Vorschlag einer neuen Rekonstruktion der Baugeschichte

Grundlage aller bisherigen Rekonstruktionen der Baugeschichte war der unverrückbare Glaube an die Wahrheit der schriftlichen Überlieferungen - bis auf eine kleine Ausnahme: Schon die neuere Rekonstruktion von JACOBSEN zur frühen Baugeschichte weicht stillschweigend von den überlieferten Nachrichten ab. Nach JACOBSEN gibt es bis 997 nur den kleinen 3-schiffigen Bau auf dem Burgberg und damit keine Kirche, wo die in den Quellen berichteten zahlreichen Besuche der späteren Ottonen, insbesondere immer zu den Osterfeierlichkeiten, stattgefunden haben könnten, weshalb bis heute Quedlinburg als „wichtigste Pfalz der ersten Liudolfinger", als Osterpfalz angesehen wird. JACOBSEN übergeht diese Abweichung von den Schriftquellen ohne Erklärung.

Desweiteren lassen die Umstände um das Heinrichsgrab eigentlich nur einen Schluss zu: Das Grab Heinrichs hat nie in Quedlinburg existiert. Sämtliche Verrenkungen und Spekulationen der Vorautoren und besonders von ERDMANN [31ff] können da nicht helfen.

Neben dem unauffindbaren Grab Heinrich I. wird heute auch das Grab seiner Gattin, Königin Mathilde, in der Stiftskirche verehrt. Im Gegensatz zu Heinrich hat diese Verehrung sogar eine materielle Grundlage. Im Boden der Krypta befindet sich noch heute ein Sarkophag, auf dessen Deckel Königin Mathilde inschriftlich als Bestattete genannt wird.

Ein ähnlicher Sarkophag, ebenfalls mit Inschrift, existiert noch heute im Halberstädter Dom von Bischof Bernhard, der wie Königin Mathilde 968 verstorben sein soll. Der Autor vermutet bei beiden Sarkophagen einen ähnlichen Kontext.

Nach Ansicht des Autors sind beide Sarkophage jünger, vielleicht 11. Jh. und für eine oberirdische Aufstellung angefertigt worden. Beide Sarkophage waren ursprünglich nur mit einem Vortragekreuz skulptiert.

Die Zuweisung zu Königin Mathilde und Bischof Bernhard erfolgte erst später, vermutlich um die Mitte des 12. Jh. Die Sargaufschriften wurden erst in diesem Zusammenhang aufgebracht. Der Autor kennt keine weiteren frühmittelalterlichen Sarkophage, auf denen die Bestatteten inschriftlich erwähnt sind. Selbst die deutlich späteren Sarkophage von Heinrich dem Löwen und seiner Frau Mathilde im Braunschweiger Dom (Ende 12. Jh.) sind noch ohne jegliche Aufschrift.

Wenn man die Nachrichten in den zweifellos manipulierten Quellen unberücksichtigt lässt, bleibt nichts anderes, als sich für die Datierung an den Bau selbst und die stratigraphischen, d. h. die bauarchäologischen Befunde zu halten.

Die frühesten einigermaßen stilistisch datierbaren Bauteile sind vielleicht die Wandnischengliederung der "Confessio" und die beiden erhaltenen westlichen Kryptajoche. Die Wandnischen sind ein typisches Motiv der ersten Hälfte des 11. Jh. Die Kapitelle, Basen und Gewölbe der beiden westlichen Kryptajoche weisen ebenfalls in die erste Hälfte des 11. Jh. Bauarchäologisch sind sowohl die Krypta als auch die beiden Westjoche der Krypta nachträgliche Einbauten, die Kryptajoche sogar in einen später angebauten Erweiterungsbau (siehe unten).

Folgende abweichende Rekonstruktion der Baugeschichte wird vorgeschlagen:

Burg: Die Gründungslegende der Stiftskirche hat natürlich auch die Geschichte der Burg überdeckt. Die Burg war kein Adelssitz, schon gar keine Pfalz, und hatte auch keine ständige Besatzung. Sie war vermutlich eine so genannte Fliehburg und diente der lokal ansässigen Bevölkerung im Fall der Gefahr als zeitweiliger Rückzugsort. Das macht das Fehlen, z. B. eines Bergfrieds, weniger verwunderlich. Ihre Gründung oder Erstanlage dürfte in frühmittelalterliche Zeit zurückreichen. Ähnliche Gedanken hatte offensichtlich schon ERDMANN, der in der Burg aufgrund des Kirchenbaus zwar "keine bloße Fluchtburg" sah [89]. "... diese war also keine fränkische Reichsburg, sondern einheimischen Ursprungs" [90].

Wikipedia (Fliehburg): "In der Regel besitzen sie keine Türme, teilweise kommen jedoch Torturm-ähnliche Überbauten ... vor. Fliehburgen dieser Art gehörten zu unbefestigten bäuerlichen Siedlungen und boten im Falle eines feindlichen Angriffs der Bevölkerung einer Region Schutz, während die Siedlungen meist der Plünderung und Zerstörung durch die Angreifer anheimfielen. Für den Fall einer Belagerung konnten die weitläufigen Fliehburgen auch mit Vorräten ausgestattet werden.
Auch später im Mittelalter wurde diese Form der Burg von den ansässigen Bauern erbaut. Diese Bauernburgen dienten der Landbevölkerung als Schutz vor marodierenden Kriegshorden. Die Befestigungsanlagen hatten meistens nicht viel gemein mit den vom Adel als Residenzen erbauten Burgen, sondern bestanden oft nur aus Erdbefestigungen und Holzpalisaden auf gut zu verteidigenden Höhenlagen.
Da Fliehburgen überwiegend keine Dauersiedlungen waren, werden bei archäologischen Ausgrabungen oft nur wenige Hinterlassenschaften gefunden."

WÄSCHER glaubte, aufgrund von Grabungsbefunden auf der Südseite einen Burgaufgang nachgewiesen zu haben. Er ging

34

davon aus, dass der Südaufgang der ursprüngliche Burgaufgang war, welcher um 1000 dann auf die Nordseite verlegt wurde. SCHIMPFF bezweifelt unter Bezugnahme auf BEHRENS generell den Burgaufgang an dieser Stelle. BEHRENS verortete diesen ausschließlich auf der Nordseite [SCHIMPFF, 440]. Da BEHRENS und SCHIMPFF in der Burganlage die ehemalige ottonische Pfalz sehen und z. B. eine Fliehburg überhaupt in Erwägung ziehen, hält der Autor ihre Rekonstruktion der Bauten auf der Burg an dieser Stelle für zweifelhaft.

Die von WÄSCHER gefundenen "Vormittelalterlichen Bauten" [WÄSCHER, 25], z. B. der große Holzhallenbau, dürften die Bauten der Fliehburg gewesen sein. Für die temporäre Nutzung einer Fliehburg wurden sicher keine massiven Gebäude errichtet.
Die so genannte "Stein-Erdmauer" (Südfundament Dicke ca. 1,6 m, Länge ca. 29 m, Westfundament Dicke ca. 1,3 m, Länge ca. 7 m), die WÄSCHER einem großen Langbau aus der Mitte des 1. Jahrtausends zuordnet und in der LEOPOLD einen westlich an die Kirche anschließenden massiven Rechtecksaal sieht, ist besser als eine ehemalige Stützwand am Südhang des Burgbergs zur Schaffung eines Plateaus vor der Kirche zu interpretieren. Eine Nordwand dieses angeblichen Gebäudes konnte WÄSCHER auch nicht ausmachen. Dass auf diesem Plateau auch ein Fachwerkbau stand, von dem der von WÄSCHER gefundene gekalkte Lehmbewurf, auf dessen Innenseite sich Binsengeflecht abgedrückt hat [WÄSCHER, 26], stammen könnte, ist sicher nicht auszuschließen.
Der kleine Kirchenbau war sicher der erste Massivbau, abgesehen von möglichen massiven Anlagen innerhalb der Befestigungslinie der Burg, z. B. Torbauten zur Sicherung der Zugänge.

Wahrscheinlich war die Burganlage zur Zeit des Kirchenbaus um das Jahr 1000 noch in Nutzung, wurde jedoch schon bald obsolet. Im 11. Jh. , mit dem Anwachsen der Bevölkerung in der nahen Siedlung, war die Fliehburg nicht mehr geeignet, den Schutz aller Bürger zu gewährleisten, u. a. sicher auch ein logistisches und Versorgungsproblem. Die Siedlung benötigte ein neues Verteidigungssystem, eine Stadtmauer. Die Errichtung der Stadtbefestigung von Quedlinburg wird um 1150 datiert.

Durch diese Vorgänge war der Burgberg frei für die danach einsetzende bauliche Entwicklung des Kirchenbaus einschließlich der Klausur. Eine Verlegung des Burgzugangs auf die Nordseite im 12. Jh. erscheint in diesem Zusammenhang zumindest plausibel.

Bau I: Die von WÄSCHER ergrabene dreischiffige, kleine Kirche (12 m x 15 m) wurde auf dem Gelände einer Burganlage errichtet.

Der kleine Bau besaß möglicherweise ursprünglich das Patrozinium St. Peter. Über die Gründung dieses bescheidenen Kirchenbaus - sicher eine Eigenkirche - ist nichts bekannt.

Die bekannte, spätere Gründungslegende wurde einfach hinzugesponnen.

Dieser erste Bau hatte zunächst keine Krypta. Die geringen Abmessungen des Baus sprechen mehr für eine Halle als für eine Basilika, wobei letztere auch nicht auszuschließen ist. Das Mittelschiff im Osten mit Apsis. Ob eventuell auch die Seitenschiffe apsidial geschlossen waren, ist nicht mehr nachweisbar und muss hier offen bleiben. Der Einbau im Westen ist eher einer Schranke zuzuordnen, als einer Empore, eine Schranke z. B. um den Besucherverkehr vom mittigen Westzugang in die Seitenschiffe zu lenken. Bei Annahme einer kleinen Empore erschließt sich kaum ihre Funktion.

Möglicherweise hatte dieser Bau einen schmalen, nördlichen Anbau (Sakristei?), zu dem das von WÄSCHER ergrabene, an seiner West- und Nordseite verputzte Mauerstück gehörte [WÄSCHER, 38].

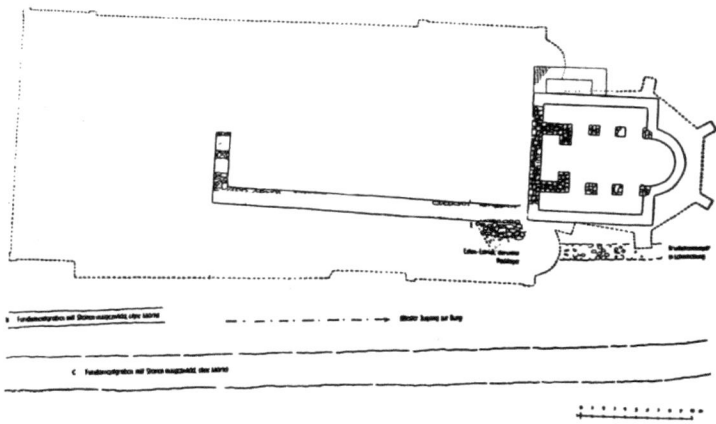

Bau I, Grundriss aus [LEOPOLD, 166], durch Autor bearbeitet und ergänzt

Wann ist dieser Gründungsbau errichtet worden? Der Datierung in das erste Drittel des 10. Jh., wie JACOBSEN meint, kann der Autor nicht folgen. JACOBSEN ist hier den "Schriftquellen" aufgesessen, indem er die Bestattungen von Heinrich I. (936) und Mathilde (968) unbesehen übernimmt.

JACOBSEN brachte den Erweiterungsbau (Bau IIa, siehe unten) mit der in den Quellen überlieferten Weihe von 997 zusammen. Der Autor hält diese Datierung noch um einiges zu früh und plädiert für diesen eher für eine Datierung um 1020. Der Gründungsbau muss dann zwangsläufig entsprechend älter sein, aber sicher kaum mehr als ein oder zwei Jahrzehnte, also vielleicht um 1000.

Den von LEOPOLD gesehenen westlich anschließenden Rechtecksaal hält der Autor für eine Fehlinterpretation durch LEOPOLD. Bau I war sicher ein freistehender Bau. Vor dessen Westfassade war eine ebene Fläche geschaffen worden, wozu die Stützwandkonstruktion ("Stein-Erdmauer") gehörte.

Bau IIa: Der kleine dreischiffige Bau wurde vermutlich schon kurze Zeit später nach Westen durch den so genannten Großraum („Wandpfeilerbau") erweitert.
Das in Raummitte ergrabene Vierpassbecken legt die Vermutung nahe, dass dieser „Wandpfeilerbau" (Abmessungen ca. 12 m x 12 m) als Taufkirche errichtet wurde. Der Raum hatte den Charakter eines Zentralbaus mit dem Taufbecken im Zentrum, ähnlich den Baptisterien andernorts.
Bau I einschließlich seiner Westwand blieb vermutlich zunächst i. W. unverändert (bis auf die notwendigen Durchgänge).
An eine Stützenstellung, wie JACOBSON sie ursprünglich für wahrscheinlich hielt [JACOBSEN / SCHAEFER / SENNHAUSER, 333], ist eher nicht zu denken. Sie wäre für den angenommenen Zentralbau kontraproduktiv.
Dem lichten hohen Innenraum, den JACOBSEN für den Mittelraum in seiner letzten Rekonstruktion annimmt, wäre zuzustimmen, jedoch vorerst ohne Empore.

Der „Wandpfeilerbau" erhielt im Süden auf seiner gesamten Länge, an der Stelle des heutigen südlichen Querarms, einen längsrechteckigen Anbau. WÄSCHER, der nur die östliche Hälfte diesem Anbau zurechnete, sah darin eine Vorhalle oder einen Turm [WÄSCHER, 32]. Aufgrund der Lage unmittelbar am südlichen Steilhang des Burgbergs musste für die Gründung des Anbaus ein erheblicher Aufwand getrieben werden, wofür ein triftiger Grund vorgelegen haben muss.
Wie oben bereits erwähnt, hatte WÄSCHER auf der Südseite den ehemaligen Aufgang zur Burg gesehen. Ob sich tatsächlich ein Burgaufgang auf der Südseite befand oder nur eine am Südhang in Ostwestrichtung verlaufende, wichtige Wegeverbindung innerhalb des Burggeländes oder sogar beides muss hier offen bleiben.

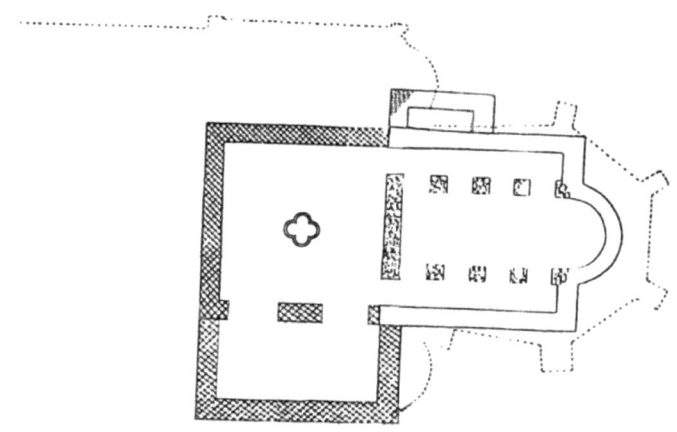

Bau IIa, Grundriss aus [LEOPOLD, 179], durch Autor bearbeitet und ergänzt

LEOPOLD sah auf der Nordseite einen gleichen längsrechteckigen Anbau. Die Anbauten im Süden und im Norden hielt er für Emporen-Annexe, die zum Kirchenraum geöffnet waren. Die Untergeschosse waren für ihn nur die Substruktionen für die Emporen als Hauptgeschoss [LEOPOLD 2010, 35]. Die auf der Südseite vorhandenen Balkenlöcher ordnet er der Geschossdecke zu. Sie könnten aber auch zu Balken eines hier ansetzenden Daches gehört haben [ebd., 36]. Auch LEOPOLD rekonstruierte im Südannex den Zugang der Stiftsdamen zur Kirche [ebd., 36f].

Nach Auffassung des Autors erfolgte zunächst nur im Süden ein Anbau mit der ausschließlichen Funktion eines Portalvorbaus bzw. einer Eingangshalle.
Im Ostwandfundament des nördlichen Anbaus hat WÄSCHER "durchgehend gelbe Mauer mit gelbem Mörtel" festgestellt. Da es beim südlichen Anbau einen solchen Befund nicht gab, ist

anzunehmen, dass der nördliche Anbau später errichtet wurde, jedoch auf jeden Fall vor dem Umbau zum Querhausarm (Bau IIIb), da das Ostwandfundament, das nördlich an die Mauerecke des nördlichen Anbaus von Bau I anschließt, durch die spätere Querhausapside gerade durchläuft.

WÄSCHER vermerkt, dass diese „Querhausarme" nur eingeschossig gewesen sein konnten [VOIGTLÄNDER, 91], was für Eingangshallen nachvollziehbar wäre.

Sicher ist nicht auszuschließen, dass auch im Norden damals schon ein Zugang zur Kirche vorhanden war, welcher jedoch nicht durch einen Portalvorbau hervorgehoben war.

Einen Zugang von Westen, wie Bau I. ihn vermutlich noch hatte, war scheinbar nicht vorhanden.

Wie oben bereits angemerkt, datiert der Autor den Erweiterungsbau um 1020. Obwohl JACOBSEN die Wandgliederung des Erweiterungsbaus stilkritisch erst in der ersten Hälfte des 11. Jh. [JACOBSEN, 65] sieht, datiert er den Erweiterungsbau trotzdem schon 997, da dieses in den Quellen enthaltene Datum seiner stilkritischen Datierung eben am nächsten kam.

Die andere, entscheidende Frage ist: Hatte dieser Bau bereits ein Langhaus? LEOPOLD und JACOBSEN bejahen diese Frage und rekonstruieren als Langhaus einen Saal, dessen Wände sich im Norden und Süden an der Stelle der heutigen Mittelschiffsarkaden befanden.

Dagegen spricht die später in den "Wandpfeilerbau" eingebaute Westempore (Bau IIb), von der heute noch zwei Joche aufrecht stehen. Sie hätte das Langhaus lettnerartig abgeteilt, eine Lösung die vor der zweiten Hälfte des 12. Jh. kaum denkbar ist. Der Einbau der Westempore datiert jedoch deutlich früher, nach traditioneller Meinung um 1020. Ähnlich, "bis in die Mitte des 11. Jh." datiert JACOBSEN [JACOBSON / SCHÄFER / SENNHAUSER, 333] die gleichen Pilz- oder Knaufkapitelle in St. Wiperti.

LEOPOLD schließt zutreffend eine Art Lettner für die frühe Bauzeit aus. Aber seine Interpretation, dass die Westempore von ihm angenommene Emporen in den Querarmen verbinden sollte und dazu ein Baustellenprovisorium gewesen sein soll, ist abwegig. Als Provisorium hätte auch eine einfache Holzkonstruktion gereicht, welche viel einfacher wieder zurückzubauen wäre. Darüber hinaus gibt es für die Annahme von Emporen in den Querarmen keine wirklichen Belege. Der Einbau der Westempore, die traditionell um 1020 datiert wird, stellte sicher keine bauzeitliche Lösung dar.

Ein weiteres Indiz spricht gegen das Vorhandensein eines Langhauses zum Zeitpunkt der Errichtung des "Wandpfeilerbaus". Es ist die Absenkung des Fußbodens des "Wandpfeilerbaus" um ca. zwei Stufen. Bei gleichzeitiger Errichtung bzw. Planung hätte man eine solche Lösung sicher nicht gewählt.

Der Autor ist der Auffassung, dass Bau II noch kein Langhaus besaß. Dieses wurde erst später und zwar nur einmal, als dreischiffiges Langhaus errichtet (siehe Bau IIIa).

Der etwas irritierende Befund der drei verschiedenen Mauerwerksschichten in den Arkadenfundamenten belegt nicht drei Langhausbauten, wie LEOPOLD annahm, auch nicht zwei wie JACOBSEN meint, sondern nur drei Bauabschnitte bei der Errichtung des Langhauses, welche zeitnah zusammenliegen. Weiteres dazu siehe die Ausführungen zu Bau IIIa.

Bau IIb: Um die Anziehungskraft des Kirchenbaus zu erhöhen, bemühte man sich um den Erwerb von Reliquien. So gelang vermutlich Anfang des 11. Jh. die Beschaffung der Reliquien der Hll. Laurentia und Stephana. Für diese wurde der östliche Reliquienschacht angelegt, über dem dann der Hauptaltar zur Aufstellung kam. Wie oben bereits erwähnt, ist der Altar der Hll. Laurentia und Stephana 1018 im Osten bezeugt. Der Reliquienschacht war vermutlich ursprünglich Altargrab für die Reliquien der Hll. Laurentia und Stephana.

Für die Verehrung der neuen Reliquien wurde östlich des Schachtes eine Krypta in die vorhandene Mittelapsis eingebaut, die heute bekannte, so genannte "Confessio".

Die „Confessio" diente ursprünglich ausschließlich dem *accessus ad confessionem*, d. h. dem Zugang zum Heiligengrab. Sie gehörte damit zu den frühen Krypten aus der ersten Hälfte des 11. Jh. Zugänge hatte sie, wie allgemein üblich, im Süden und im Norden. Die bekannte Stuckausstattung gab es noch nicht.

Wie für die frühen Krypten üblich, besaß sie keinen Altar. Mit ihr ist vielleicht die einzige Confessioanlage im strengsten Sinn des Wortes [BRAUN, 568ff] in der Region im Kern erhalten. Die Bezeichnung "Confessio" ist natürlich für den Kryptaraum selbst nicht korrekt, da die Confessio eigentlich nur den Vorraum bezeichnet. Dieser war vermutlich oberhalb des Schachtes zwischen Altar und dem Schacht als das eigentliche Altargrab. Vermutlich gab es eine Öffnung (Fenestella) zwischen Krypta und der Confessio in der Kryptawestwand.
Durch den Kryptaeinbau entstand kein Hochchor im üblichen Sinn, sondern der Hauptaltar stand vor der Kryptawestwand. Der Bereich oberhalb der Krypta blieb aufgrund der geringen, verfügbaren Fläche im Prinzip ungenutzt und war auch nicht über Treppen zugänglich.

Vermutlich mit dem Einbau der Krypta in die Apsis oder auch kurze Zeit später erfolgte auch eine Umgestaltung des Westbaus, der bisherigen Taufkirche, zur Laienkirche. Es entsprach einer allgemeinen Entwicklung, dass für die Taufe keine gesonderten Bauten mehr errichtet wurden. Die Taufe wurde jetzt in den Kirchenraum integriert.
Für die Laienkirche wurde vor der Ostwand des Westbaus der Kreuzaltar angeordnet, für den der westliche Reliquienschacht analog dem Reliquienschacht unter dem Hauptaltar ausgehoben wurde. Der Schacht ist nach LEHMANN [VOIGTLÄNDER, 91, Anmerkung 31] jünger als das Taufbecken. Er hielt zwar das Vierpassbecken für ein Reliquiar, bestätigt aber die bauliche Nachfolge des östlich davor gelegenen Schachtes. Über die Reliquien, für die der Schacht vermutlich Altargrab war, ist nichts bekannt.

Es ist anzunehmen, dass das Vierpassbecken in diesem Zusammenhang wieder abgerissen wurde.

Ob der Einbau der Empore im Westen des „Wandpfeilerbaus", von der noch heute zwei Joche stehen, schon in diesem Zusammenhang erfolgte oder erst etwas später, ist nicht eindeutig zu bestimmen. Ihre Errichtung dürfte auf jeden Fall noch vor Mitte des 11. Jh. zu datieren sein. Wie oben bereits angemerkt, datiert JACOBSEN die fast gleichen Pilzkapitelle der Wipertikrypta in das 1. oder 2. Viertel des 11. Jh.

Der Autor sieht in der Empore eine erste Nonnenempore, also ein Raum für den zeitweiligen Aufenthalt der Stiftsdamen, z. B. tagsüber außerhalb der Gottesdienstzeiten. Zu den eigentlichen Gottesdiensten begaben sich die Stiftsdamen in den Chor. Einen solchen eigenen Raum finden wir in allen Stifts- oder Nonnenklosterkirchen, zumindest in denen, die gleichzeitig eine Laienkirche enthalten, z. B. auch in Gernrode und in der Münzenbergkirche.

Der Autor verbindet den Einbau der Empore in der Kirche auf dem Burgberg mit der Gründung des Damenstifts.
Übrigens, etwa zur gleichen Zeit, also etwas vor bzw. um 1050 wird in Gernrode mit dem Bau der Damenstiftskirche begonnen.
Der ursprüngliche Zugang zu der Empore ist unbekannt, wird aber mit großer Wahrscheinlichkeit von einem westlich vorhandenen Raum oder einem angebautem Aufgang erfolgt sein. Ein innerer Aufgang zu der Empore ist nirgendwo nachgewiesen worden.

Noch eine Baumaßnahme muss vermutlich dem Bau IIb zugerechnet werden. Im Westen war an diesen „Wandpfeilerbau" ein weiterer Annex, der so genannte „Stufenbau" angefügt, der im Allgemeinen als Sepulkralbau identifiziert wird. Der Bau wurde zeitnah an die Erweiterung (Bau IIa) angebaut. Hier drängt sich die Frage auf, wem dieser Bau gegolten hat.

Die bisherige Forschung sieht in dem Sepulkral-Annex die Aufstellung des Heinrichsarges. Wie oben bereits ausgeführt, geht der Autor davon aus,, dass sich das Grab Heinrichs I. - soweit er überhaupt eine reale historische Person ist - sich auf keinen Fall in Quedlinburg befindet. Die Verortung des Grabes in der Stiftskirche ist eine platzierte Legende.

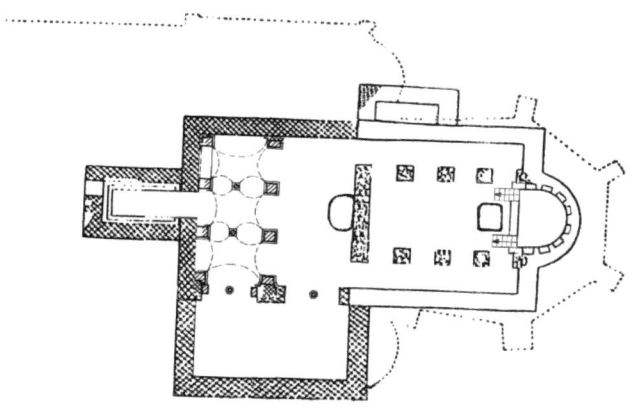

Bau IIb, Grundriss aus [LEOPOLD, 179], durch Autor bearbeitet und ergänzt

Die weitere, vielleicht nächstliegende Annahme für den Sepulkralbau ist die Aufstellung des Königinnensarkophags, der ja in der Krypta noch heute besichtigt werden kann. Auch diese Möglichkeit schließt der Autor aus. Auch das Mathildengrab in Quedlinburg ist mit Sicherheit "getürkt". Die Legende um Heinrich I. und seine Gattin Mathilde wurde im 12. Jh. erfunden und sogar materiell "gestaltet", jedoch auch erst im 12. Jh.

Sicher stellt sich die Frage, warum nicht auch für Heinrich I. eine Grabstelle materiell "kreiert" wurde. An der zentralen Stelle vor der Confessio stand jedoch zu dieser Zeit der

Hauptaltar der Kirche mit den wertvollen Reliquien. Das Heinrichsgrab wurde erst später dorthin verortet, dann jedoch nicht mehr materiell, sondern nur in den Schriftquellen. Gemäß den Quedlinburger Annalen war zuerst auch nur von der Bestattung der Königin Mathilde die Rede.

Da der Sepulkralbau eindeutig älter ist, muss er einer anderen bedeutenden Bestattung gegolten haben. Zu denken wäre noch an die Bestattung der Äbtissin Mathilde, die 999 in der Mitte der Peterskirche und der Stephanuskirche beigesetzt worden sein soll und mit dem ottonischen Herrscherhaus verwandt gewesen sein soll.

Nach Auffassung des Autors war das Damenstift um 1000 noch nicht gegründet, weswegen es noch keine Äbtissin gegeben haben kann. Auch die angebliche Verwandtschaft mit den Ottonen lässt an der Historizität der Äbtissin Mathilde zweifeln.

Infrage für die Bestattung könnte eine Stifterperson kommen. Wer das gewesen ist, ist durch die Gründungslegende bis zur Unkenntlichkeit überdeckt.

Möglicherweise war die uns unbekannte Stifterperson *ante altare* in einem Erdgrab beigesetzt. Beim nachträglichen Einbau der Krypta um 1020 „störte" das Grab. Die Gebeine wurden aufgenommen und in einem neu angefertigten Sarkophag bestattet. Für die oberirdische Aufstellung des Sarkophags wurde der Annexbau errichtet.

Mit der Aufstellung des Sarkophags erfüllte der Westannex die Funktion eines Westchors zum Stiftergedenken. Der Autor geht davon aus, dass der Sarkophag ursprünglich nur mit dem Vortragekreuz auf dem Deckel skulptiert war, aber noch keine Inschrift hatte (diese wurde später aufgebracht).

Die große Wanddicke der Umfassungswände hat die Vermutung begründet, dass der Stufenraum ursprünglich mit einer Tonne überwölbt war. Mit dieser Argumentation wäre die Dicke der Westwand jedoch nicht erklärt. Vielleicht hatte die Wand noch eine Abstufung oberhalb des Abbruchniveaus, z. B. eine Art Sitzbank oder Abstellfläche entlang der Außenwände. Damit könnte eine wesentlich geringere Wanddicke rekonstruiert werden, womit sich das Argument für eine Überwölbung erledigen würde. Der bei den Grabungen festgestellte Westdurchgang sollte sicher ursprünglich eine Verbindung nach außen oder zu einem anschließenden Gebäude herstellen, welche jedoch vor oder kurz nach der Innutzungnahme wieder vermauert wurde.

Traditionell wird der Einbau der Westempore um 1020 datiert und der überlieferten Weihe von 1021 zugeordnet.
Den Altarweihebericht von 1021 sieht der Autor als Fälschung an, wobei diesem möglicherweise eine reale Altaranordnung aus späterer Zeit, wohl um die Mitte des 12. Jh. zugrunde liegt (siehe unten).
Aus stilistischen Gründen ist jedoch sowohl für die Krypta als auch für den Emporeneinbau eine Datierung in die erste Hälfte des 11. Jh. einigermaßen plausibel. Die Nischengliederung in der Kryptawand ist ein übliches Motiv der ersten Hälfte des 11. Jh., das übrigens auch in der etwa gleichzeitig errichteten Wipertikrypta in Quedlinburg sowie in Magdeburg (so genannte Hunfriedkrypta des Doms und Liebfrauenkirche) wieder auftaucht. Demgemäß würde eine Datierung um 1020 wenn auch sehr früh, jedoch nicht unmöglich sein.
JACOBSENs Datierung der gleichen Pilzkapitelle von St. Wiperti bis in die Mitte des 11. Jh. lässt durchaus auch eine Errichtung bis ca. 1050 zu.

Die Annahme LEOPOLDs, dass 1021 die Krypta komplett fertiggestellt war, also die Westempore nach Osten verlängert wurde, ist zweifelsfrei falsch. Seine Begründung für die falsche Annahme ist das Bestehenlassen der westlichen zwei Joche, die ansonsten sicher abgebrochen worden wären. Seine Argumentation ist nur nachvollziehbar, da er von der Existenz des Langhauses zu diesem Zeitpunkt ausgeht. Ohne Langhaus ist das Bestehenlassen der beiden westlichen Joche zum damaligen Zeitpunkt kein Thema.

Bau IIIa: 1070 wird in den Quellen von einem Brand berichtet, der aber durchaus anzuzweifeln ist. Allgemein wird dieses Datum als Beginn des bestehenden Baus gesehen, der dann 1129 fertiggestellt und geweiht wurde, wobei der Autor die

Weihe 1129 kritisch sieht. Die Forschung geht bisher einhellig davon aus, dass von 1070 bis 1129 ein weitestgehender Neubau auf den Fundamenten des Vorgängerbaus erfolgte, wobei die Verwendung alter Bauelemente schon Kopfzerbrechen bereitet.

Nach Auffassung des Autors entsteht bis 1129 - falls die Jahresangabe nicht völlig aus der Luft gegriffen ist - jedoch nur das Langhaus. Vermutlich liegt der Baubeginn für diese Baumaßnahmen nicht schon um 1070, sondern ein Stück weit später, vielleicht um 1100.

Für die bisherige falsche Rekonstruktion mitverantwortlich ist der bauarchäologische Befund an den Arkadenfundamenten, der einen dreischichtigen Aufbau zeigt (siehe Abschnitt "Gelber Mörtel"). LEOPOLD sah darin drei verschiedene Langhausbauten, weshalb er den ersten Bau weit zurückdatieren musste. JACOBSEN sah immerhin noch zwei Langhausbauten.
Dem widerspricht der Autor ausdrücklich. Es gab nur einen einzigen, dreischiffigen Langhausbau, begonnen um 1100 und abgeschlossen mit der Weihe 1129.

Wie im Abschnitt "Gelber Mörtel" bereits ausgeführt, resultiert der dreischichtige Aufbau der Arkadenfundamente einfach aus der Baugewohnheit zur damaligen Zeit. Im 11./12. Jh. gab es offensichtlich noch keine vorherige Planung im Detail, sondern nur eine grobe Orientierung zur Baugestaltung. Die bauliche Durchbildung konkretisierte sich erst während der Baudurchführung. So entschied man sich im Voraus für eine generelle Grundrisslösung und legte danach die Grundmauern an, ohne den aufgehenden Bau im Einzelnen schon detailliert zu haben. Für die erste Schicht wurde an der Baustelle anfallendes, wiederverwendbares Baumaterial soweit verfügbar verwendet. Ergänzend wurde preisgünstiges Liefermaterial aus der näheren Umgebung verbaut. Die sichtbar verbleibenden Bauteile wurden mit dem vom Bauherrn oder der Bauhütte gewählten höherwertigen Liefermaterial ausgeführt.

Danach konnte man einzelne Bauwerksteile auch gesondert hochführen. Gab es durch den aufgehenden Bau die Notwendigkeit der Veränderung der Gründung, so wurde diese nachträglich im erforderlichen Umfang angepasst.

Im Abschnitt zur Wipertikirche wird diese Ausführungsart noch einmal deutlich.

So errichtete man jetzt die Fundamente für das dreischiffige Langhaus, für den nördlichen Anbau an den ehemaligen "Wandpfeilerbau", der damit zur Vierung wurde. Weiterhin wurde der Westbau in den Fundamenten angelegt. Das ergrabene Querfundament zwischen den westlichen Arkadenstützen (8. Stütze) und die nach Westen und Norden gerichteten Gurtbogenvorlagen an diesen, die LEOPOLD irrtümlich für Lisenenvorlagen hielt [2010, 48], dürften zu der ursprünglich geplanten Westbaulösung gehört haben, einem etwa quadratischen, mehrgeschossigen Turm im Bereich des Mittelschiffs, zu diesem geöffnet, sowie flankierenden Nebenräumen und begleitenden Treppentürmen ähnlich dem ersten Westbau in Gernrode.

Diese Westbaulösung kam aber nicht zur Ausführung. Als man an die Errichtung des Westbaus ging, hielt man vermutlich die alte Westbaulösung für nicht mehr zeitgemäß. Möglicherweise liegen Jahre zwischen dem Anlegen der Fundamente und dem Aufführen des Hochbaus. Man entschied sich letztendlich für einen moderneren Westbau. Es erfolgte offensichtlich eine Planänderung zu einer "normalen" romanischen Doppelturmfassade.

Ähnlich sieht der Autor die Errichtung des nördlichen Querhausflügels. Beim Anlagen der Fundamente war an eine Apsis an der Ostseite des nördlichen Anbaus noch nicht gedacht, weshalb das Ostfundament unter der Apsis gerade durchläuft. Möglicherweise war ursprünglich, analog dem Südannex, nur ein gleicher Nordanbau angedacht, die dann als niedrige Querhausflügel in Erscheinung getreten wären.

Auch darin sieht der Autor eine Planänderung. Die spätere Ausführung (siehe Bau IIIb) erfolgte vermutlich schon als Querhausnordarm mit Empore und Apsis.

LEOPOLD geht noch auf einen Befund WÄSCHERs ein, den er aber anzweifelt. Nördlich des Sanktuariums ist "der Rest eines 90 cm dicken Fundaments ... eingetragen, das an seinem Ostende rechtwinklig nach Süden weiterläuft, um unmittelbar daneben mit dem Ansatz einer kleinen Apsidiole abzubrechen" [LEOPOLD, 37f]. War ursprünglich vielleicht eine Chorlösung einer Reformordenskirche angedacht, die neben dem Sanktuarium Nebenchöre vorsah? Um 1100 ein durchaus mögliches Szenarium. Der Rekonstruktionsversuch [LEOPOLD, 179, Fig. 42] lässt daran denken. Wenn ja, so erfolgte auch hier eine entsprechende Planänderung.

Mit der Errichtung des Langhauses wurde der bestehende Bau zum Ostbau, wobei dieser zunächst noch unverändert blieb.

Die Westempore in der Vierung erscheint nun als lettnerartiger Einbau, der den Chorbereich vom Langhaus trennte - im 12. Jh. aber kein Novum mehr.

Für die Nutzung des Langhauses „störte" der alte Sepulkralannex. Eine neue Lösung musste gefunden werden. Inzwischen war die König-Heinrich/Königin-Mathilde-Legende in Quedlinburg geboren.

Der Sarkophag wurde jetzt umgewidmet und zum Sarkophag der Königin Mathilde. Erst jetzt wurde dieser mit der Aufschrift versehen. Vermutlich war der Sarkophag so aufgestellt, dass die Inschrift sichtbar war, vielleicht ähnlich der heutigen Präsentation. Erst in diesem Zusammenhang wird die Grabkammer für den Sarkophag hergestellt und dieser in die Kryptawestwand eingeschoben. Da der Hauptaltar mittig vor der Krypta noch vorhanden war, musste der Sarkophag südlich von diesem angeordnet werden. Der ursprünglich vorhandene südliche Kryptazugang wurde mit der Anlage der Kammer für den Sarkophag beseitigt. Diese Maßnahme sieht der Autor etwa Mitte des 12. Jh.

Erst im Zusammenhang mit dieser Maßnahme erhält die „Confessio" ihre Stuckausstattung. Mit diesem Umbau erfährt die ehemalige Krypta eine Funktionsänderung. Sie wurde jetzt

zu einem Oratorium für die Königin Mathilde. Die
ursprüngliche Kryptafunktion des *accessus ad confessionem*
war nicht mehr gefragt.

Krypten hatten sich inzwischen zu großräumigen Anlagen
entwickelt, was in Quedlinburg unter den gegebenen
baulichen Bedingungen zunächst aber nicht möglich war.
Schon LEHMANN [21] vermutet, dass die „Confessio" ein
Oratorium für die Verehrung des Heinrichsgrabes und keine
Krypta im eigentlichen Sinn ist, wobei er beim Heinrichsgrab
irrte. Die reiche Stuckausstattung erfolgte mit der Absicht der
Verehrung des Grabes der Königin Mathilde. Um Mitte des
12. Jh. ist die aufwändige Stuckausstattung einfacher
einzuordnen als Mitte des 10. Jh.

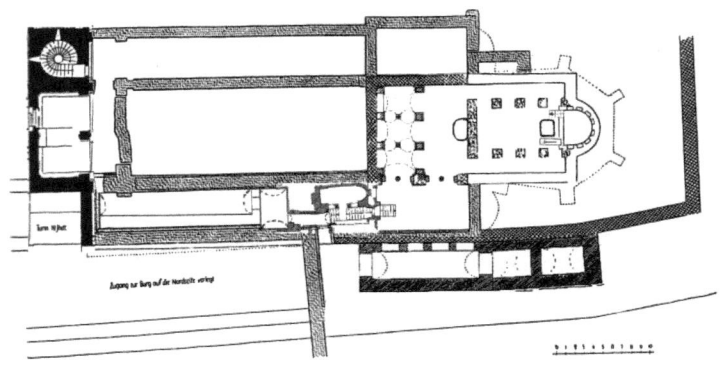

Bau IIIa, Grundriss aus [LEOPOLD, 188], durch Autor
bearbeitet und ergänzt

Die geometrische Passgenauigkeit bei Sarkophag und
Stuckausstattung der „Confessio" ist nun auch erklärlich. Dass
die Stuckausstattung älter ist als die Einbringung des
Sarkophags, wie LEOPOLD behauptet, ist nicht zwingend.

Möglicherweise erfolgte eine spätere Reparatur oder der Sarg wurde nochmals bewegt.

Der Kreuzaltar, der bisher im „Wandpfeilerbau" stand, wird jetzt - nach Aufgabe des Sepulkralbaus - an das Ostende des Langhauses an die Stelle des ehemaligen Grabannexes verlegt.

Die Umgestaltung der „Confessio" belegt auf jeden Fall, dass zu dieser Zeit, d. h. bis etwa Mitte des 12. Jh., die Errichtung einer großen Krypta noch nicht vorgesehen war, die Umbauarbeiten an der Kirche also nicht von vorn herein einem einheitlichen Plan entstammten.

Im Zusammenhang mit der Errichtung des Langhauses sind auch die baulichen Anlagen im Untergeschoss errichtet worden. Infolge der falschen Datierung der Arkadenfundamente durch LEOPOLD, aber auch durch JACOBSEN, wurden bei beiden die Untergeschossbauten ebenfalls viel zu früh datiert.

Die gleichzeitige Errichtung der unterirdischen Bauten zeigt der Befund an der untersten Schicht des südlichen Arkadenfundaments. Im östlichen Abschnitt sind an der Südseite Abbruchspuren einer Längstonne nachgewiesen worden. Das Südfundament war demnach die Nordwand eines unter Geländeniveau liegenden, parallel zur Wand verlaufenden Längstonnenbaus mit einer rekonstruierten Spannweite von 2,80 m. Dessen Erstreckung in westlicher Richtung ist nicht mehr festzustellen, da sich an dieser Stelle der 1708 errichtete Längstonnenbau befindet.

Weiterhin wurde im Bereich des 1. Pfeilers der heutigen Südarkaden auf der Südseite eine Aussparung in dem Fundament nachgewiesen, die offensichtlich zu einem Quertonnenbau gehörte, dessen nördlicher Abschluss in das Fundament hineinragte. Ebenso gehört der kleine Rest des unterirdischen Tonnengangs zwischen dem heutigen barocken Längstonnenbau (1708) und dem jüngeren Treppenaufgang mit der Kapelle St. Nicolai in vinculis zum älteren Baubestand. In dem kurzen Tonnengang ist ein ursprünglich vorhandener Durchgang nach Norden nachgewiesen worden, der nach LEOPOLD dort in einen weiteren Raum oder vielleicht sogar zu einem Treppenaufgang führte. Ein solcher Treppenaufgang könnte zu der Empore im Westen des vorerst unberührt gebliebenen "Wandpfeilerbaus" geführt haben.

An der Südseite des Portalvorbaus war ebenfalls ein Längstonnenbau errichtet worden, der im Osten zu zwei weiteren tonnengewölbten Räumen führte, später aber durch den so genannten Quertonnenbau ersetzt wurde. Ob der unmittelbar westlich gelegene Quertonnenbau gleichzeitig errichtet wurde, ist unklar, aber wahrscheinlich. Es kann sicher davon ausgegangen werden, dass alle diese unterirdischen Räume untereinander verbunden waren.

Welchem Zweck dienten diese unterirdischen Bauten? Weshalb dieser Aufwand?

Blickt man auf die Stiftskirche in Gernrode oder die Kirche St. Marien auf dem Münzenberg, so werden an beiden Bauten im 12. Jh. gesonderte Baumaßnahmen durchgeführt, die auf einen vom Laienbereich separierten Zugang der Stiftsdamen bzw. Nonnen zwischen den Wohnräumen in der Klausur und dem Chor abzielen. So wird in Gernrode, zwar Ende des 12. Jh., ein doppelgeschossiger Kreuzgangflügel errichtet; in der Münzenbergkirche erhält das nördliche Seitenschiff dafür extra ein zweites Geschoss.

Auf dem Burgberg wurde mit dem dreischiffigen Langhaus, das bis an den Hang reicht, die ehemals sich auf der Südseite befindende fußläufige Verbindung von der Westseite des Burgbergs, wo sich die Klausur befand bzw. errichtet wurde, zur Kirche und der sich möglicherweise dort befindliche Südaufgang beseitigt. Vermutlich wurde mit dem unterirdischen Längstonnenbau eine solche Verbindung neu geschaffen.

In der ersten Bauphase gab es vermutlich noch keinen direkten Zugang von diesem Gangsystem zum Kirchenbau. Man musste möglicherweise im Bereich der Kirche einen Außenaufgang benutzen. Für den direkten Zugang wurde nachträglich der Treppenaufgang mit der Kapelle St. Nicolai in vinculis zwischen den Tonnengang und den Portalvorbau eingefügt. Damit wäre die Kapelle St. Nicolai in vinculis in die Zeit um 1100 zu datieren und nicht wie traditionell um 1020.

LEOPOLD [36f] sah den Chor der Stiftsdamen auf der Empore im Südquerarm. Da es die Empore im Südquerarm noch nicht gab, kommt als Chor der Stiftsdamen nur der bisher unverändert gebliebene, kleine 3-schiffige Bau I infrage. Vielleicht ist der Zugang durch den Südanbau durch die dort im Zusammenhang mit der Westempore errichteten Doppelarkaden, von denen die westliche noch erhalten ist, als Eingang der Stiftsdamen architektonisch hervorgehoben worden. Nachweisbar gab es solche Doppelarkaden auf der Nordseite nicht. Dort erfolgte der Zugang für die Laien. LEOPOLDs Auffassung, dass die Doppelarkaden eine zusätzliche statische Sicherung gegen den Steilhang darstellten, ist nicht nachvollziehbar.

Etwa zeitgleich mit dem Bau des Langhauses und des Westbaus wurden auch die Klausurgebäude errichtet. Ihre Lage berücksichtigt die Ausdehnung der Kirche nach Westen bereits. Die angeblich "ottonischen Keller" unter dem Westflügel des Schlosses dürften zu diesen gehört haben. Die Datierung "um 1000". die auch SCHMITT übernimmt [SCHMITT, 270f], dürfte um etwa 100 Jahre zu früh sein. Auch hier kam der besagte "gelbe Mörtel" zum Einsatz, der WÄSCHER zu o. a. Datierung veranlasste.

LEOPOLD verortete das Dormitorium südöstlich der Kirche im Bereich der ehemaligen Residenz der Pröbstin. Der Grund für den Ausschluss der Lage im Westen war für ihn, weil der Weg der Damen zu ihrem Chor durch das den Laien vorbehaltene Langhaus hätte führen müssen [LEOPOLD, 37]. Mit der o. a. Interpretation der unterirdischen Bauten dürfte sich der Einwand LEOPOLDs erledigt haben.

Die Nachrichten über die Weihe von 1129 sind im Vergleich zu der Weihe von 1021 äußerst dürftig. König Lothar soll den Neubau während der Pfingstfeier im Beisein der Bischöfe von Hildesheim und Minden geweiht haben. Vermutlich ist die Nachricht über die Weihe von 1129 eine spätere Fälschung.

Die Baumaßnahmen erstreckten sich auf jeden Fall bis weit in die zweite Hälfte des 12. Jh.

Bau IIIb: Mit Fertigstellung und Nutzung des Langhauses wurde die unbefriedigende Situation im Ostteil deutlich, so dass schon kurze Zeit nach Fertigstellung des Langhauses die Entscheidung für den Umbau der Ostteile gefällt wurde.

Der Startschuss für den Umbau der Ostteile dürfte etwa um 1150 gefallen sein. Jetzt wurde die kleine „Confessio"-Krypta aufgegeben und abgebrochen sowie die beiden Reliquienschächte verfüllt. Damit ist die gleichartige Verfüllung von „Confessio" und Ostschacht nicht mehr verwunderlich [VOIGTLÄNDER, 119].

Die "getürkte" Grablege der Königin Mathilde wurde verfüllt und ist in der Folge der Vergessenheit anheimgefallen, denn erst 1756 wurde der Sarkophag bei einer frühen Suche nach dem Heinrichsgrab aufgefunden [WÄSCHER, 15]. Möglicherweise war das Königingrab doch nicht so wirkungsvoll wie man gehofft hatte. Erst im 19. Jh. wurde die Königin-Grabstätte wieder populär.

Vermutlich erst jetzt wurde die ursprüngliche Innengliederung des Chorraumes (Bau I) aufgehoben. Ansonsten hätte bereits früher die gesamte Dachkonstruktion aufgrund der Vergrößerung der Spannweite erneuert werden müssen. Das hätte einen grundlegenden Umbau des Chors bedeutet, der sicher irgendwo vermeldet worden wäre.

An der Stelle der ehemaligen Westwand des Bau I wird der östliche Vierungsbogen errichtet.

Die „lettnerartige Bühne" wurde einfach nach Osten verlängert. Damit entstand erst die heutige Krypta.

"Vom 14. bis 18. Jahrhundert wird die Krypta merkwürdigerweise »Altes Münster« genannt, im Gegensatz zum »Neuen Münster« der Oberkirche." [VOIGTLÄNDER, 95]

Bei der vorgeschlagenen Baugeschichte nicht merkwürdig, sondern durchaus nachvollziehbar.

MRUSEK [73] fällt die Qualität der Kapitelle in der Krypta zu denen in der Oberkirche auf: "Die Kapitelle der Krypta sind im Gegensatz zur Oberkirche außerordentlich vielfältig. ... Die Ornamentik der Oberkirche ist im Gegensatz zur Krypta in

54

ihrem formalen Aufbau bedeutend strenger." Für "die lebensvollere Formenwelt der Krypta" verweist er auf Sant'Ambrogio in Mailand (1080-1128) und San Savino in Piacenza (Weihe 1107) [74]. Seine Schlussfolgerung, dass bei dem Neubau in Quedlinburg im Osten mit der Krypta begonnen wurde, ist darum um so weniger nachzuvollziehen. Die Krypta ist eindeutig jünger als das Langhaus.

Dass die Basen der Kryptasäulen noch keine Eckzehen haben, wie im 12. Jh. zunehmend üblich, verweist nicht zwingend auf eine frühere Entstehung.

Die Ausmalung der Krypta erfolgte unmittelbar im Anschluss an ihre bauliche Fertigstellung.

Der Hauptaltar wurde in den neu entstandenen Hochchor verlegt.

Parallel wurde das Querhaus errichtet. Der Zitereinbau (um 1170) markiert vermutlich den Abschluss dieser Baumaßnahmen. Der Einbau des Ziter erfolgte nicht nachträglich, sondern im Zusammenhang mit der erstmaligen Errichtung des Nordquerarmes einschließlich Empore. Der südliche, ehemalige Portalannex wurde zum Südquerarm mit Empore umgebaut bzw. abgebrochen und als solcher neu errichtet.

Der Neubau des Chors ist vermutlich auch erst um 1170 oder sogar später fertig gestellt worden, wenn überhaupt. Vielleicht erfolgte seine Fertigstellung erst 1320, als die Kryptawände außen ummantelt wurden und der gotische Chor errichtet wurde.

Leider wird die von WÄSCHER [VOIGTLÄNDER, 91] rekonstruierte Zwischenphase mit Pfeilern als Stützenapparat der neuen Krypta (nach WÄSCHER vor 1021) nicht deutlicher. Er beruft sich dabei auf ein bei den Grabungen aufgefundenes Fragment einer Stuckverkleidung eines Pfeilers. Dieser Pfeiler soll - wie auch die Säulen der heutigen Krypta - auf der Zugangsanlage zur „Confessio" gestanden haben, d. h. die „Confessio" war zu diesem Zeitpunkt bereits aufgegeben. Wenn dieser Befund zutrifft, was LEOPOLD offensichtlich bezweifelt (Er sieht hier nur einen Putzverstrich und keine Stuckverkleidung), waren möglicherweise zunächst Pfeiler als Kryptenstützen vorgesehen. Vielleicht hatte man anfangs für die Erweiterung der Krypta eine Pfeilerlösung analog den östlichen Pfeilern des Emporeneinbaus vorgesehen und begonnen auszuführen, sich aber danach anders besonnen und doch für eine gestalterisch befriedigendere Säulenlösung entschieden.

Weihenachricht von 1021

Nach den Annales Quedlinburgenses wurden 1021 sechs Altäre geweiht, die sogar im Einzelnen benannt sind:
Der Hauptaltar (altare supremum Trinitatis Mariae Iohannis baptistae Petri Stephani Dionysii Servatii), der Kreuzaltar (altare in medio ecclesiae crucis), zwei Altäre im Osten, dort im Süden und im Norden (altare australe Libori / altare aquilonare Bartholomaei) und zwei Altäre im Westen, dort wiederum im Süden und im Norden (altare australe Remigii / altare aquilonare Stephanae, Laurentiae).

Die Weihenachricht irritierte die Forschung. Zum einen fehlt in der Nachricht die Weihe eines Altars in der Krypta, obwohl diese nach Ansicht der Forschung bereits in der heutigen Form existierte. Zum anderen wurde der Kreuzaltar neu geweiht, obwohl sich dieser schon seit der Weihe des Langhauses 997 in Nutzung befand.

Auch ist auffällig, dass der Altar der Hll. Laurentia und Stephana, der 1018 noch im Osten bezeugt ist (Kalendar von 1018/1021), im Altarweihebericht im Westen verortet ist.

Die o. a. Unstimmigkeiten, die die Forschung zwar nur leicht verunsichert hat, sind einfach in der falschen Rekonstruktion der Baugeschichte begründet.

Es dürfte klar sein, dass die sechs Altäre in Bau I nicht platziert sein können. Bau I dürfte nur einen Altar, den Hochaltar, besessen haben. In Bau IIa, den der Autor um 1020 datiert, also nahe der überlieferten Weihe von 1021, wären die sechs Altäre zwar unterzubringen, z. B. die Nebenaltäre an den Ostenden der Seitenschiffe (Apsiden?) und im so genannten Wandpfeilerbau als Westbau.
Doch erscheint die Altaranzahl für diesen immer noch kleinen Bau und die frühe Zeit zu groß. Darüber hinaus waren die Seitenschiffe so schmal, dass ein Altardienst in diesen nur schwer vorstellbar wäre.
Wirklich nachweisbar sind für Bau IIa nur die 2 Altäre über den Altarschächten, wenn man diese als solche sieht, das wären der Hochaltar und der Kreuzaltar.

Plausibel wäre, dass man die Mitte des 12. Jh. in der Stiftskirche tatsächlich vorhandene Altaranordnung der Weihe von 1021 nachträglich andichtete, z. B. um das Servatiuspatrozinium zu veralten.
Gerade die Nichtnennung eines Kryptenaltars spricht dafür, dass die Altaranordnung keine reine Erfindung war.

Nach der Rekonstruktion des Autors hatte die Kirche um die Mitte des 12. Jh. folgendes Aussehen:

- Chor und Vierung ohne Krypta (ehemals Bau IIa)

- Lettner an der Westgrenze der Vierung

- Querhausarme mit Apsiden (die umgebauten Portalvorbauten)

- Langhaus mit begonnenem Westbau als Doppelturmfassade

Die "Confessio" in Bau IIa besaß zweifelsfrei keinen Altar. Sie gehört in die frühe Phase der Kryptenentwicklung.
Bau IIIa besaß zwar noch die "Confessio", jetzt umgewandelt in eine Verehrungsstätte (Oratorium) für Königin Mathilde,

hatte damit aber keine Krypta und damit natürlich keinen Kryptenaltar.
Die neue Hallenkrypta entstand aber erst um 1170 (Bau IIIb).

Die Neuweihe des Kreuzaltars wurde mit der Errichtung des Langhauses ca. 1100 - 1129(?) und seiner Verlagerung in dieses natürlich erforderlich. Der alte Kreuzaltar musste entfernt werden, da dieser Bereich zum Chor zugeschlagen wurde.

In der recht dürftigen Weihenachricht von 1129 wird die Stiftskirche erstmalig als dem Servatius geweiht benannt. Bisher war Servatius nur als Nebenpatron aufgetaucht. Möglicherweise war der Hauptaltar bis dahin den Hll. Laurentia und Stephana geweiht gewesen, deren Altar danach in den Westen der Kirche "verbannt" wurde.

Zeittafel zur Baugeschichte bis 1320:

um 1000	Erster Kirchenbau (Bau I)
um 1020	Bau IIa Erweiterung nach Westen (sog. Wandpfeilerbau) als Taufkirche (Vierpassbecken) Eingangsvorhalle im Süden
zwischen 1020 und 1050	Bau IIb Anlage des Ostschachtes zur Aufbewahrung von Reliquien in Verbindung mit dem Hauptaltar Einbau der Krypta, der sog. „Confessio" (noch ohne Stuckausstattung) Errichtung des Annexbaus im Westen (Stufenraum) Aufnahme des Bodengrabes des Stifters (?) und oberirdische Bestattung in einem Sarkophag, Präsentation im o. a. Annexbau Umwandlung des "Wandpfeilerbaus" (ehem. Taufkirche) in Laienkirche mit Anordnung des Kreuzaltars und Anlegen des westlichen Reliquienschachts Abbruch des Vierpassbeckens Gründung des Damenstifts (?) Einbau einer Nonnenempore in den „Wandpfeilerbau"

ab 1100-1129 (?)	Bau IIIa Errichtung des Langhauses und Baubeginn des Westbaus (ohne Südturm) Errichtung der unterirdischen Bauten unter dem südlichen Seitenschiff Treppenaufgang in die Kirche mit Kapelle St. Nikolai in vinculis Abbruch des Westannexes (Stufenraum) 1129 Weihe des Langhauses (?) Verlegung des Sarkophags nach Osten und Einbau in die Westwand der „Confessio" und Ausweisung als Grab von Königin Mathilde Aufbringen der Inschrift auf den Sarkophag Stuckausstattung der Krypta („Confessio") mit Umwandlung in ein Oratorium für Königin Mathilde
ab 1150	Bau IIIb Umbau der Ostteile zu Chor und Querhaus Errichtung des nördlichen Anbaus an die Vierung Einbau der Querhausemporen und des Ziter in den nördlichen Querhausarm (um 1170) Abbruch der Krypta („Confessio") und Verfüllung von Krypta und Ostschacht. Erweiterung der Empore in der Vierung nach Osten, womit die heutige Krypta entsteht, Ausmalung der Krypta (um 1170) Neubau des Chores (?)
um 1320	Neubau des Chorraumes, gotische Ummantelung der Kryptaaußenwand

Die Kirche St. Wiperti

Vorbemerkungen

Bis heute liegt die Gründung dieses Kirchenbaus im Dunkeln. Wie oben zu den Schriftquellen ausgeführt, sind die frühen Nachrichten konstruiert und für die Baugeschichte unbrauchbar.

Unabhängig von der Nichtkenntnis über die Gründungsgeschichte befindet sich aber südwestlich des Burgbergs, etwas außerhalb der Stadt im vom Mühlgraben umflossenen Brühl, heute ein Kirchenbau, von dem zumindest Teile zweifellos frühromanisch sind. Die Kirche wird heute in den Sommermonaten als katholische Pfarrkirche genutzt.

Bisherige Rekonstruktion der Baugeschichte

Aufgrund der bauarchäologischen Untersuchungen während einer grundlegenden Instandsetzung des Kirchenbaus in den Jahren 1955-57 sah LEOPOLD verschiedene Vorgängerbauten bzw. Bauphasen.

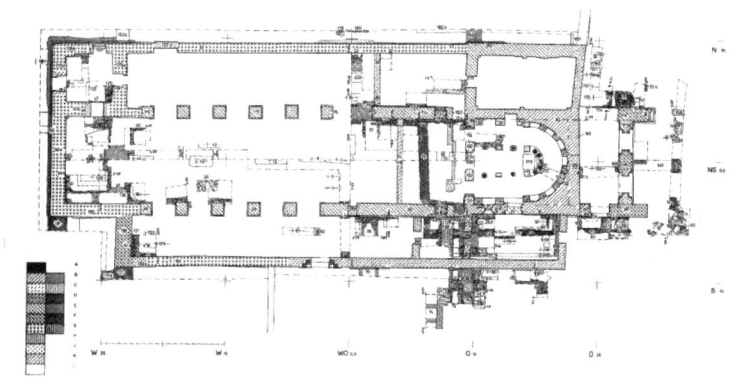

Quedlinburg, St. Wiperti. Grundriss aus [LEOPOLD, 189]

Bau I: *Kapelle des königlichen Hofes*

Der von LEOPOLD als Bau I angesprochene Bau, von dem Teile der Süd- und Westwand ergraben wurden, soll ein Saalbau von ca. 11,5 m x 21 m i. L. gewesen sein. Der Ostschluss dieses Baus ist unbekannt. Die Lage der Nordwand wird nur vermutet unter der Annahme derselben Mittelachse wie spätere Kirche und aufgrund eines kleinen Fundamentrestes, der an dieser Stelle gefunden wurde und diesem Bau zugeordnet wird. Als ursprünglichen Ostabschlusses nimmt LEOPOLD eine weit gespannte Apsis an.

LEOPOLD sieht in diesem Bau die Anfang des 10. Jh. errichtete Kapelle für den liudolfingischen Hof, die "damals die alte hersfeldische Kirche ersetzte." [LEOPOLD, 78] Nach JACOBSEN könnte der Saalbau bereits vor 936 als Kapelle des Königshofes bestanden haben [JACOBSEN / SCHAEFER / SENNHAUSER, 333f].

Bau II: *Stiftskirche der Kanoniker*

Errichtung einer kreuzförmigen, dreischiffigen Basilika mit außen gerade geschlossenem Sanktuarium und innerer leicht eingezogener Apsis. Der Chor war zum Querhaus mit einem Triumphbogen auf seitlichen Vorlagen geöffnet.

LEOPOLD sah zuerst die Errichtung des Langhauses "und die mit diesem zusammenhängenden westlichen Teile des Querhauses" und vielleicht des Westbaus. Den Grund sah er in der Benutzbarkeit der Vorgängerkirche. Nach Fertigstellung und Innutzungnahme brach man den alten Bau ab und errichtete an dieser Stelle die neuen Ostteile. [LEOPOLD, 82]

Da die Ostenden der Arkadenfundamente in das Querhaus hineinragen, ist die Frage strittig, ob eine ausgeschiedene Vierung vorhanden war. Während LEOPOLD diese nur vorbereitet, aber nicht ausgeführt sieht, meint JACOBSEN, dass "wohl ein vierungsbildendes Querhaus" vorhanden war.

Die Fundamente des Langhauses wurden ergraben, jedoch wurden nirgendwo aufgehendes Mauerwerk noch ein Fußboden gefunden, auch keine Ausstattung wie Altäre, Schranken, Taufe etc.

Vom Westbau wurden nur die Fundamente ergraben. Diese haben eine abweichende Zusammensetzung gegenüber den Ostteilen und dem Langhaus. Darüber hinaus weisen sie eine geringere Gründungstiefe als die späteren romanischen Fundamente auf. Es ist unklar, ob der im Innern des Westbaus nachgewiesene Fußboden dem ottonischen Bau angehörte oder dem späteren, romanischen Westbau zuzuordnen sei.

Im Gegensatz zum Langhaus und Westbau ist vom Chor und vom Querhaus aufgehendes Mauerwerk erhalten. Die Fertigstellung und Nutzung ist durch Nachweis des Verputzes im Chor und Bestattungen außerhalb wahrscheinlich.

OSWALD sieht die Errichtung in der 2. Hälfte des 10. Jh., JACOBSEN datiert diesen Bau "wohl bald nach 936". LEOPOLD ist sich offensichtlich völlig unschlüssig, hält den Bau jedoch für ottonisch, und hofft auf eine Klärung durch die zukünftige Forschung.

Bau IIA: *Einbau der Krypta*
Einbau der dreischiffigen, tonnengewölbten Umgangskrypta in das bestehende Sanktuarium. Das Seitenschiff im Osten um das Mittelschiff herumgeführt. Die Abtrennung zwischen Mittelschiff und Seitenschiffen durch Pfeiler und Säulen mit Knauf- oder Pilzkapitellen. Die Kapitelle gleichen denen des Emporeneinbaus in der Stiftskirche. Diese wurden eindeutig für diesen Einsatzort hergestellt, sind also keine Spolien. Der Ostabschluss mit apsidialer Mauer im unteren Bereich und darauf stehenden kleinen Säulen mit Kapitellen, das mittlere ein Marmorkapitell.

Ursprünglich enthielt die Krypta keinen Altar. Der heute in der Krypta vorhandene Altar ist nicht aus der Bauzeit. Ursprünglich ragte der Vorraum der Krypta mit den Zugängen von Norden und Süden in das Querhaus. Der Vorraum wurde schon in mittelalterlicher Zeit abgebrochen. Die Außenwand des Umgangs mit Nischen und Fenstern, davon ist nur das in der südwestlichen Nische erhalten. Im Gewölbe des Kryptaumgangs befindet sich eine Öffnung zum darüber liegenden Sanktuarium östlich des Hauptaltars.

"Das Mauerwerk der Krypta lässt sich von dem früherer und späterer Bauperioden vor allem durch den hier benutzten

Mörtel unterscheiden: Außer dem in den engen Fugen der Werksteine nachweisbaren, weißen Gipsmörtel wurde nur der auch in der Stiftskirche nachweisbare gelbe, nicht sehr feste Kalkmörtel verwendet." [LEOPOLD, 84]

LEOPOLD sieht in dem Mittelsäulchen eine Spolie aus der Confessio der Stiftskirche auf dem Berg. Er sieht in dieser die in der Kanonikerkirche verehrte Reliquie und damit die Bestimmung der Krypta, "gewissermaßen als Nachfolger der "Confessio"" [ebd., 87f]

Der Stuckfries am Architrav veranlasst LEOPOLD, die Frage zu stellen, ob hier eine ähnliche Stuckausstattung geplant war wie in der Confessio in der Stiftskirche [ebd., 88].

Bau IIB: *Das rechteckige Sanktuarium*

"Geraume Zeit nach dem Einbau der Krypta" [ebd., 88] wurde der apsidiale Ostschluss im Sanktuarium (oberhalb der Krypta) abgebrochen und als Rechteckchor neu aufgebaut. Reste seiner Nord- und Südwand noch im heutigen Bau erhalten; in der Nordwand Okulus. Den Vierpass-Okulus datiert LEOPOLD "wohl kaum vor Mitte des 11. Jh.". Am Westende des Sanktuariums Triumphbogen mit Vorlage. Der Grund für den Abbruch des apsidialen Chors und den Neubau des rechteckigen Chorabschlusses ist unklar.

Im Winkel zwischen Querhaussüdarm und Sanktuarium wurde nachträglich ein Raum angebaut, der nach LEOPOLD evtl. Teil eines weiter nach Süden reichenden Gebäudekomplexes war [ebd., 89].

Im Bereich dieses Raumes "eine ganze Reihe von Bestattungen", von denen LEOPOLD annimmt, dass diese in diesem Raum erfolgt sind, obwohl "der Befund auch die Möglichkeit offen lässt, dass die Gräber älter sind als der Raum" [ebd., 89f].

Bau III: *Kirche der Prämonstratenser*

Um 1145 erfolgte die Umwandlung in ein Prämonstratenserkloster. Die Forschung geht davon aus, dass in diesem Zusammenhang ein grundlegender Umbau erfolgte, bei dem das Querhaus, das Langhaus und der Westbau abgebrochen wurde. "Bei der Errichtung der neuen

Mauerzüge und Arkadenstützen behielt man die Grundmaße des alten Baus weitgehend bei und benutzte, soweit diese passten, sogar wieder dessen Fundamente, die man, wo nötig, ergänzte." [ebd., 92]

Nach LEOPOLD erfolgte Mitte 13. Jh. ein Neubau des Südturm der Doppelturmfassade.

Vorschlag einer neuen Rekonstruktion der Baugeschichte

Da nach Auffassung des Autors das Pfarrsystem erst im 12. Jh. entstand, kann der Bau noch keine Pfarrkirche gewesen sein. Vermutlich war der Kirchenbau die Eigenkirche des uns nicht bekannten Grundherrn.

Kern der kleinen Siedlung im Brühl war möglicherweise ein Wirtschaftshof, wofür der Mühlgraben ein Indiz sein könnte. Vielleicht hoffte man, dass die Siedlung weiter wachsen würde. Da sich aber die Stadt nördlich des Burgbergs entwickelte, verlor der Kirchenbau an Bedeutung, so dass die Kirche aufgegeben wurde. Im 12. Jh. übernahmen die Prämonstratenser den verlassenen Bau.

Bau I (?): Vielleicht der erste Kirchenbau an dieser Stelle. LEOPOLDs Rekonstruktion und die Identifikation als Kirche ist problematisch und ein Stück weit spekulativ. Allein dieselbe Ausrichtung wie die spätere Kirche spricht für einen Kirchenbau. Weitere Anhaltspunkte gibt es nicht. Als Ostabschluss des Saalbaus wäre ein eingezogener Rechteckchor plausibler.

Bau IIa: Möglicherweise ist erst dieser Bau der erste Kirchenbau an diesem Standort. Die Annahme LEOPOLDs zur Bauabfolge, d. h. zuerst Langhaus, Westbau (?) und Westteil des Querhauses und später Ostteile des Querhauses und Sanktuarium ist willkürliche Spekulation. Waren die Platzverhältnisse zur damaligen Zeit wirklich so beengt, dass man den Nachfolgebau zwingend an der Stelle des

Vorgängerbaus errichten musste und die Beschränkungen beim Bau und bei der Nutzung in Kauf nehmen musste?

Entgegen der Rekonstruktion von LEOPOLD war diese Kirche ein Saalbau mit einem stark eingezogenen Chor, mit innen leicht eingezogener Apsis und äußeren geraden Ostschluss. LEOPOLDs Rekonstruktion der ausladenden Querarme wird bereits von v. DAMAROS und WOZNIAK aufgrund von 1998/99 erfolgten Nachgrabungen angezweifelt: "... keine Befunde für ein nördliches Querhaus außerhalb der heutigen ... nördlichen Seitenschiffswand aufdecken. Damit sind zwar Leopolds rekonstruierte Querhäuser nicht vollständig in Frage zu stellen, zumindest aber ihre Längenausdehnung deutlich geringer anzunehmen. Denkbar wäre es, daß die Querhäuser nur geringfügig über den Seitenschiffsmauern hinausragten." [v. DAMAROS / WOZNIAK, 289]

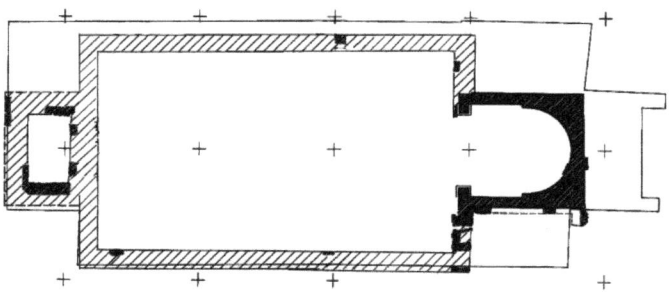

Quedlinburg, St. Wiperti. Bau IIa (Grundriss aus [LEOPOLD, 192], durch Autor bearbeitet und ergänzt)

Das in Fortsetzung der Ostwand des Saales ergrabene Fundamentstück, das LEOPOLD dem Nordquerarm zuordnete, ist vermutlich das Fundament der Ummauerung des Klosterbereichs, welche an dieser Ecke ansetzte. LEOPOLD hatte den "Rücksprung nach Osten" dieses

Fundaments um etwa 30 cm mit einem möglicherweise anschließenden Gebäude wenig überzeugend zu erklären versucht [LEOPOLD, 81]. Für die Klostermauer genügte sicher ein schmaleres Fundament.

LEOPOLDs "ottonische Fundament" des Westbaus dürfte die vorbereitende Gründung für den nachträglichen Anbau einer Eingangshalle gewesen sein, welche vermutlich aber nicht mehr zur Ausführung gelangte.
Datierung: Nach Auffassung des Autors wurde der Bau in den ersten Jahrzehnten des 11. Jh. errichtet.

Bau IIb: Vermutlich zur Erhöhung der Attraktivität der Kirche erfolgte der Einbau einer Umgangskrypta in den Chor. Die Krypta diente noch ausschließlich dem *accessus ad confessionem*, also dem Zugang zu einem Heiligengrab, und ist darum den frühen Anlagen zuzurechnen, die der Autor bis 1050 datiert [MEISEGEIER 2017, 269ff].
Mit großer Wahrscheinlichkeit sollte im Mittelschiff der Krypta ein Sarkophag mit den Reliquien eines Heiligen zur Aufstellung kommen, wozu es letztendlich nicht kam. Vielleicht ist die Verengung des Mittelschiffs nach Osten ein Indiz dafür (Sarkophag mit schalerem Fußende im Osten). Man musste schließlich Platz sparen, die verfügbare Breite war durch den Chor festgelegt. Folgerichtig war die Krypta auch ursprünglich ohne Altar. Ob die Öffnung im Gewölbe des Umgangs eine Beziehung zum Altarraum herstellen sollte, ist denkbar aber nicht zwingend. Auf keinen Fall gab es eine direkte Beziehung zwischen dem geplanten Heiligen- oder Reliquiengrab und dem im Chor stehenden Hochaltar im Sinne eines Altargrabes. LEOPOLDs Vorschlag, dass das Marmorkapitell als Reliquie der Anlass für die Errichtung der Krypta sein soll, ist einfach absurd.

Die Krypta blieb letztendlich "leer", d. h. ohne Heiligengrab oder Reliquienschrein. Der Grund könnte derselbe gewesen sein wie in Gernrode, die zur Zeit der Errichtung nicht mehr vorhandene Verfügbarkeit von Ganzkörperreliquien. In Gernrode war die Krypta ebenfalls zwar für die Aufnahme eines Heiligengrabes konzipiert und baulich realisiert, blieb aber gleichfalls "leer".

Der Vorschlag von v. DAMAROS und WOZNIAK, dass der Einbau der Krypta durch Kaiser Otto III. persönlich oder durch Personen in seinem Umkreis veranlasst worden sei, ist ziemlich abwegig und entbehrt jeder rationalen Grundlage.

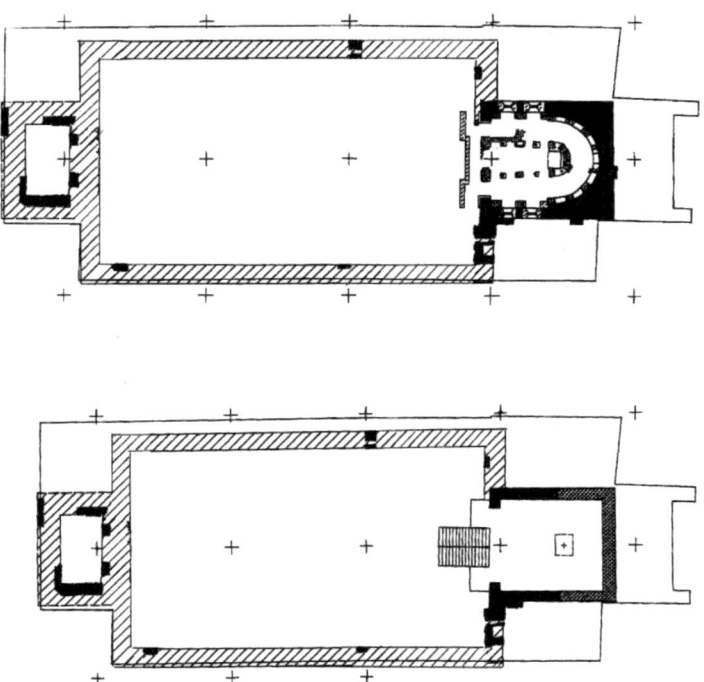

Quedlinburg, St. Wiperti. Bau IIb, oben Schnitt durch die Krypta, unten Schnitt das Sanktuarium (Grundriss aus [LEOPOLD, 201 und 208], durch Autor bearbeitet und ergänzt)

Durch den Einbau der Krypta wurde die Höhe des Chorraumes mit der Apsiskalotte drastisch reduziert, weshalb man sich entschloss, den apsidialen Chor oberhalb der Krypta abzubrechen und neu zu errichten, jetzt mit rechteckigem Grundriss.

Datierung: Das Vorhandensein der gleichen Knauf- oder Pilzkapitelle und desselben gelben Mörtels wie beim Emporeneinbau in der Stiftskirche legt nahe, dass beide Anlagen zeitnah errichtet wurden. Der Emporeneinbau wird von der Forschung um 1020 datiert. Der Autor geht von einem etwas späteren Einbau der Empore bis 1050 aus (siehe Abschnitt Stiftskirche). JACOBSEN datiert die Knauf- oder Pilzkapitelle in das 1. oder 2. V. 11. Jh., d. h. also bis Mitte 11. Jh.

Den Vierpass-Okulus in der nach dem Kryptaeinbau neuerrichteten Nordwand des Sanktuariums datiert LEOPOLD "wohl kaum vor Mitte des 11. Jh.".

Aus dem o. a. Umstand heraus wird der Einbau der Wipertikrypta von der Forschung ebenfalls um 1020 gesehen. Der Autor geht auch hier von einer etwas späteren Errichtung, aber spätestens bis Mitte des 11. Jh. ist aus.

Möglicherweise hat der Einbau der "Confessio" in der Stiftskirche oder auch der Bau der Stiftskirche in Gernrode mit ihrer Ostkrypta den Anstoß zum Einbau einer Heiligen-Krypta in der Wipertikirche gegeben. Die sehr grobe Ausführung und die Verwendung von Spolien ist vermutlich den nur begrenzt vorhandenen finanziellen Mitteln geschuldet. Eine besondere Förderung des Baus von außerhalb ist nicht zu erkennen.

Bau III: Mit der Übernahme des Baues durch die Prämonstratenser um 1145 erfolgt ein grundlegender Umbau.

Erst jetzt wird der ursprüngliche Saalbau zu einer dreischiffigen Basilika umgebaut. Die Umfassungswände des Saalbaus wurden beibehalten. Die innere Struktur wurde durch den Einbau von Wänden neu geschaffen.

Dazu wurden die Arkadenfundamente eingebracht. Auf diesen wurden die heute noch vorhandenen Mittelschiffswände mit den Arkadenpfeilern errichtet. Die durchgehenden Fugen an den Westenden der Mittelschiffswände sind auf die nachträgliche Errichtung der Hochschiffswände zurückzuführen. Die Ostenden der Arkadenfundamente sind keine Vorlagen für Transversalbögen. Solche gab es nie und waren auch nicht geplant, womit eine ausgeschiedene Vierung oder die Planung einer solchen indiskutabel ist.

Vermutlich war ursprünglich eine Art Querhaus vorgesehen, weshalb man die Arkadenfundamente nicht bis zur Ostwand des alten Saales zog. Aufgrund der ergrabenen Fundamente war vermutlich geplant, das Querhaus innerhalb der alten, beibehaltenen Längswände auszubilden; demnach nur eine querhausartige innere Abtrennung des östlichen Bereichs mit Querwänden in den Seitenschiffen und einem Triumphbogen im Mittelschiff.

Möglicherweise noch während der Umbauarbeiten entschied man sich, auf das "Querhaus" zu verzichten, und errichtete in diesem Bereich bis auf einen Durchgang im Osten geschlossene Wände, wozu zuvor das fehlende Fundamentstück ergänzt werden musste.

Der Chor und die Krypta werden weiter genutzt, wobei die Krypta jetzt mit einem Altar ausgestattet wurde.

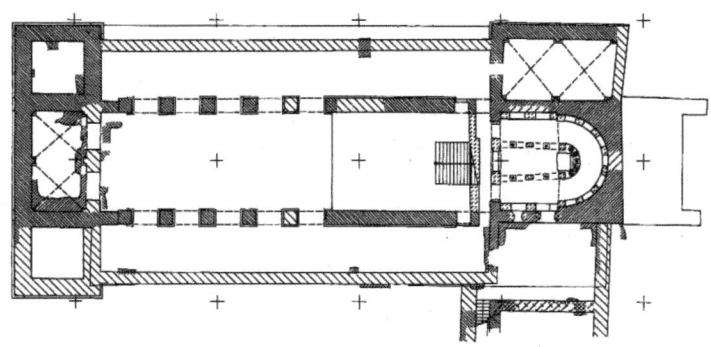

Quedlinburg, St. Wiperti. Bau III, Grundriss aus [LEOPOLD, 210]

Die Nordseite des Chores, im Winkel zwischen Sanktuarium und Querhausnordwand, erhält zu dieser Zeit einen doppelgeschossigen Anbau, dessen Untergeschoss vom Seitenschiff und dessen Obergeschoss vom Chor aus zugänglich war.

Die von v. DAMAROS und WOZNIAK getroffene Einordnung "offensichtlich eine Doppelkapelle" und der Vergleich mit der Helmstedter Doppelkapelle einschließlich der Datierung in die 2. Hälfte des 11. Jh. [v. DAMAROS / WOZNIAK, 290] ist zurückzuweisen. Der doppelgeschossige Anbau war auf keinen Fall eine Doppelkapelle. Der Terminus "Doppelkapelle" steht für eine spezielle Kapellenform, wo Ober- und Untergeschoss durch eine Verbindungsöffnung liturgisch miteinander verbunden sind. Doppelkapellen sind i. d. R. Burgkapellen und datieren in das 12./13. Jh. Die doppelgeschossige Kapelle in Helmstedt war keine Doppelkapelle in diesem Sinn, auch wenn die Beschilderung in Helmstedt den Bau fälschlich als Doppelkapelle ausweist.

Die beiden Räume des Nordanbaues an St. Wiperti waren keine Kulträume und somit natürlich keine Kapellen. Der obere Raum, offensichtlich nur vom Chor aus zugänglich, dürfte als Sakristei gedient haben. Der untere Raum war vielleicht ebenfalls eine Sakristei für den Konversenchor im östlichen Teil des Mittelschiffs oder aber ein Nebenraum ohne konkrete Bestimmung. Schon LEOPOLD vermutete in den Räumen Sakristei und Schatzkammer/Bibliothek.

In der Stiftskirche auf dem Burgberg und in der Stiftskirche in Gernrode wurden um 1150 Räume zur Vorbereitung des Gottesdienstes und zur Aufbewahrung von liturgischem Gerät, also Sakristeien, und Räume zur Aufbewahrung des Stiftsschatzes, also Schatzkammern, erstmals errichtet. Der Anbau an St. Wiperti wird ähnlich zu datieren sein.

Anstelle der ursprünglich vorgesehenen Eingangshalle im Westen wurde ein zweitürmiger Westbau, eine Doppelturmfassade, errichtet, wozu die Gründung angepasst werden musste. Von den Umfassungswänden ist der untere Ansatz erhalten, außer im Bereich des spätromanischen Südturms [LEOPOLD, 94], den LEOPOLD um die Mitte des

13. Jh. datiert. LEOPOLD dürfte hier irren. Der so genannte spätromanische Südturm ist vermutlich der erste Turmbau an dieser Stelle. Die Baumaßnahmen zogen sich vermutlich bis in das 13. Jh. hin. Es gab keinen hochromanischen Vorgänger.

Im Winkel zwischen Querhaussüdarm und Sanktuarium wurde ein Raum angebaut, der nach LEOPOLD evtl. Teil eines weiter nach Süden reichenden Gebäudekomplexes [ebd., 89]. Dieser Anbau dürfte zu dem an dieser Stelle anschließenden und sich nach Süden erstreckenden Klausurtrakt gehört haben. Die Bestattungen, die in diesem Bereich gefunden wurden, dürften vor Errichtung des Gebäudes erfolgt sein, nicht wie LEOPOLD in Erwägung zieht, in diesem Raum [ebd., 91].
Die Klausur hat sich vermutlich südöstlich der Kirche befunden; der am Chor südlich anschließende Trakt dürfte damit der Westflügel der Klausur gewesen sein. Ein etwaiger Kreuzgang müsste dann im Osten zu suchen sein.

Gotische Veränderungen: In gotischer Zeit erfuhr die Kirche noch einige Veränderungen, auf die hier jedoch nicht im Einzelnen eingegangen werden soll.
Das sind:
* Verlängerung des Chores um 4 m, diese um 1,25 m höher gelegen als das alte Sanktuarium um die Wende des 13. Jh.
* Erneuerung des Westbaus nach 1336
* Zweistöckiger Bau im Südseitenschiff vermutlich nach 1336
* Veränderungen am Sanktuarium
* Die gotischen Seitenschiffe. Die Nordwand des nördlichen Seitenschiffes wurde in diesem Zusammenhang nach Norden versetzt. Die Südwand konnte aufgrund der anschließenden Klausurgebäude nicht versetzt werden, wie schon LEOPOLD vermutete [ebd., 105].

Die ehemalige Klosterkirche St. Marien auf dem Münzenberg

Vorbemerkungen

Wie im einleitenden Abschnitt zu den Schriftquellen dargelegt, sind für den Autor alle Quellen vor dem 12. Jh. konstruiert, also Fälschungen.

Erst die in den Quellen vermerkten Schenkungen des Quedlinburger Tuchhändlers Thankolf, u. a. für Guss einer Glocke zwischen 1184 und 1203 sind diesbezüglich unverdächtig. Darüber hinaus gibt es für das Jahr 1240 einen Hinweis auf Baumaßnahmen durch Äbtissin des Stifts Gertrud von Ampfurt [SCHEFTEL 2006, 171].

Das Kloster wurde 1525 aufgegeben und 1539 von der Äbtissin des Stifts eingezogen.

Alle Vorautoren, so auch LEOPOLD und SCHEFTEL, hatten bzw. haben nicht die geringsten Zweifel an den in der schriftlichen Überlieferung überkommenen Informationen und haben diese ihren Rekonstruktionen der Baugeschichte zugrunde gelegt. Da es weder in den Quellen noch vor Ort Hinweise auf einen Vorgängerbau gibt, gehören für sie die Baureste zwangsläufig zu dem vorromanischen Bau, errichtet um die Jahrtausendwende. Mit solcher Voreinstellung mussten beide scheitern.

Die wissenschaftliche Erschließung des Baus begann Anfang des 20. Jh. Ein erstes Aufmaß und eine erste Beschreibung der erhaltenen Reste erfolgten durch ZELLER im Jahr 1914/16. Danach befassten sich u. a. noch BRINKMANN und KORF mit dem Bau, jedoch ohne wirklich neue Erkenntnisse an den Tag zu bringen [LEOPOLD, 110].

OSWALD nahm diesen Bau unter Bezugnahme auf die vorgenannten Autoren in den Denkmälerkatalog der vorromanischen Kirchenbauten als »*Dreischiffige Anlage mit*

Westbau, Chor und Apsis mit Nebenräumen über Krypta« auf [OSWALD / SCHAEFER / SENNHAUSER, 268].

2010 erfolgte die Veröffentlichung der Arbeit von LEOPOLD zu den drei vermeintlich ottonischen Kirchenbauten in Quedlinburg, in der er den bisherigen Forschungsstand zu St. Marien zusammenfasst und eine eigene Interpretation versucht. Mangels neuerer Untersuchungen stützt er sich "vor allem auf das Aufmass und die Beschreibung der erhaltenen Teile der Kirche durch Zeller" [LEOPOLD, 110]. Zu beachten ist dabei jedoch, dass sein Text den Bearbeitungsstand 2002 besitzt, obwohl die Publikation erst 2010 erfolgte. Seine Bezugnahme auf ZELLER ist durch den Umstand begründet, dass die Reste vor 2002 im Prinzip kaum zugänglich waren.

Im Zusammenhang mit seiner baubegleitenden Untersuchung und Dokumentation hat SCHEFTEL Ergebnisse seiner Arbeit ab 2005 publiziert.
"Bis heute fehlt jedoch eine detaillierte bauarchäologische Untersuchung der verbliebenen Reste der ottonischen Klosterkirche." [SCHEFTEL 2006, 173]

Der Kirchenbau

Wenn man diese frühen "Quellen" ausblendet, bleibt nicht mehr viel. Außer diesen o. a. konstruierten Nachrichten gibt es für die Bauzeit offenbar keinerlei Baunachrichten und auch keine Weihenachrichten. Die Schenkung für eine Glocke Ende des 12. Jh., legt nahe, dass zu dieser Zeit der Bau noch nicht abgeschlossen war, zumindest was den Glockenturm betrifft.

Das Kloster St. Marien dürfte - wie die beiden zuvor behandelten Kirchen - als Eigenkirche bzw. Eigenkloster des Grundherrn gegründet worden sein.

Da es keine wirklichen Baunachrichten gibt, hilft nur, sich an die überkommenen Baureste zu halten und diese glaubhaft zu interpretieren.

Von der ehemaligen Klosterkirche sind die Krypta mit ihren Nebenräumen und das Untergeschoss des Westbaus sowie einige Reste des Langhauses erhalten.

Im Folgenden bezieht sich der Autor bei Höhenangaben ausschließlich auf LEOPOLD. Die Höhenangaben von SCHEFTEL stimmen prinzipiell mit denen von LEOPOLD überein, nur dass SCHEFTEL das Fußbodenniveau des Langhauses 0,20 m höher annimmt, weshalb sich bei ihm zwangsläufig die Differenzhöhen zum Langhausniveau um 20 cm unterscheiden.

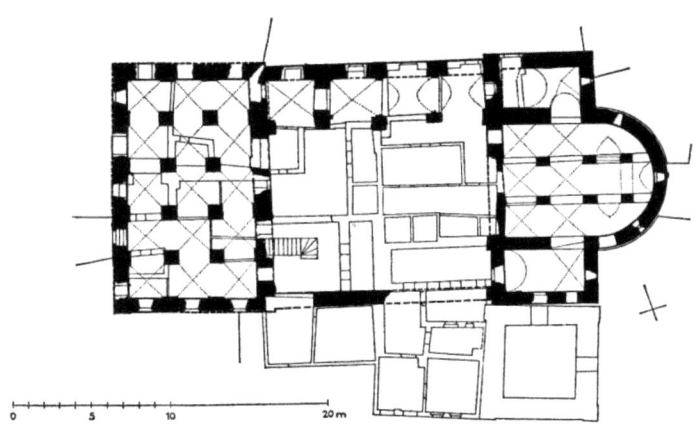

Quedlinburg, St. Marien auf dem Münzenberg. Grundriss aus [OSWALD / SCHAEFER / SENNHAUSER, 268]

Ostbau

Vom Ostbau erhalten ist die dreischiffige Krypta mit Nebenräumen im Norden und Süden, über die der Zugang zur Krypta erfolgte.

Der dreischiffige Hauptraum ist mit gurtlosen Kreuzgratgewölben überdeckt, die um ca. 0,35 m erhöhten Nebenräume mit Tonnengewölben, die Durchgänge von den Nebenräumen in den Hauptraum mit Quertonnen.

Spuren eines Altars in der Krypta wurden bei den Bauuntersuchungen offensichtlich nicht gefunden.
In der Mitte der Krypta-Westwand beobachtete ZELLER eine mit Backstein vermauerte Gurtbogenöffnung von etwa 1,30 m lichter Weite. LEOPOLD vermutet darin eine kleine Kammer zur Aufbewahrung des Reliquienschatzes des Klosters [LEOPOLD, 111].
Die Außenwand des Hauptteils der Apsis wie die des nördlichen Nebenraums aus 90 cm dickem, regelmäßigen Quadermauerwerk, die genauso dicke Ostwand des südlichen Nebenraums und der südliche Apsisansatz aus Bruchsteinen mit Eckquaderung. LEOPOLD hält das Bruchsteinmauerwerk für eine spätere Reparatur nach einem Einsturz des südlichen Nebenraums [ebd., 110]. Für KORF gehört das Bruchsteinmauerwerk zum Gründungsbau des 10. Jh. [ebd., 109]. Dagegen hält SCHEFTEL das regelmäßige Quadermauerwerk für einen Wiederaufbau nach einem Einsturz im 15. Jh. (siehe Ausstellungstafel im südlichen Nebenraum der Krypta).
"Von den Wänden und den Fußböden des Obergeschosses ... konnte Zeller keinen Rest nachweisen." [ebd., 111].

Nach Auffassung des Autors gehören die Bruchsteinwände mit Eckquaderung des südlichen Apsisansatzes und des südlichen Nebenraums zum Gründungsbau. Das Quadermauerwerk des größten Teiles der Apsis und des nördlichen Nebenraums ist einer späteren Erneuerung zuzurechnen. Ob die Erneuerung nach einem Teileinsturz im 15. Jh. erfolgte, wie SCHEFTEL meint (lt. Ausstellungstafel), ist hier nicht abschließend zu beantworten. Wurde mit der Erneuerung der Außenwand des nördlichen Nebenraums auch dessen Einwölbung erneuert?
Dass die beiden Zugänge zur Krypta Prozessionen durch diese ermöglichen sollen [ebd., 111] hält der Autor für reine Phantasie. Schon traditionell hatten Krypten immer zwei Zugänge. In den frühen Krypten sollten sie den Besucherverkehr in den engen Räumlichkeiten einfach nur lenken, so wie heute noch in der Geburtskirche in Bethlehem. Die späteren Krypten behielten diese Baulösung bei, sicher

aus logistischen Gründen, damit sich die Besucherströme nicht kreuzten. In einem Kloster wäre noch an die Trennung zwischen den Mönchen/Nonnen und den Laien zu denken, für die getrennte Zugänge durchaus Sinn machten. In der Münzenbergkirche war das Nordportal der Kirchenzugang aus der Klausur. Durch das nördliche Seitenschiff kamen die Nonnen auf kürzestem Weg in die Krypta und aus ihr wieder heraus ohne den Laienbereich mehr als nötig zu betreten.

Ob die Rundbogenöffnung in der Westwand der Krypta wirklich zu einer Kammer zur Aufbewahrung von Reliquien führte, wie LEOPOLD für möglich hält, darf bezweifelt werden. LEOPOLD verweist dabei auf ähnliche Befunde in Halberstadt und Gernrode [LEOPOLD, 146, Fußnote 613].
Der Interpretation von SCHEFTEL, dass diese Öffnung wie in Gernrode zu einer Reliquienkammer unter dem Kreuzaltar geführt haben soll, kann nicht gefolgt werden. Eine Verbindung mit dem Kreuzaltar ist in Gernrode schlicht nicht möglich. Der Kreuzaltar stand nicht in der Vierung, sondern am Ostende des Mittelschiffs, also weitab von der Westwand der Krypta.
Darüber hinaus bestreitet der Autor das Vorhandensein der von der Forschung rekonstruierten, so genannten "Reliquienkammer" in Gernrode [MEISEGEIER 2018, 49ff]. Der Ursprungszustand in Gernrode war eine 1,75 m breite, 0,66 m tiefe, raumhohe, tonnengewölbte Nische in der Kryptawestwand mit einer Einblicköffnung von der Vierung in die Krypta. Die Nische wurde später, nach Meinung des Autors zum Zeitpunkt der Fertigstellung und Innutzungnahme der Kirche in der ersten Hälfte des 12. Jh., umgebaut zu einer Art Wandschrank, vermutlich zur Aufbewahrung von liturgischem Gerät u. ä. für die Gottesdienste in der Krypta. Zur gleichen Zeit erhielt die Krypta ihren Altar, um in der Krypta Gottesdienste abhalten zu können.

Die Krypta der Münzenbergkirche ist von der Bausubstanz um einige Jahrzehnte jünger als die in Gernrode. Vermutlich war zu dieser Zeit in Gernrode der Umbau der Nische schon erfolgt, so dass der umgebaute Zustand das Vorbild für die Münzenbergkirche wurde.

Allein die Raumkonzeption stellt klar, dass diese nicht für die Präsentation eines Heiligengrabes geplant war. Die Krypta war von Anfang an als Kultraum konzipiert. Sie war mit einem Altar ausgestattet, auch wenn dieser heute nicht mehr nachweisbar ist bzw. bisher nicht nachgewiesen wurde. Die festgestellte ehemalige Öffnung in der Westwand dürfte, analog dem Befund in Gernrode, eine Nische in der Westwand gewesen sein, in der vermutlich ebenfalls ein Wandschrank zur Aufbewahrung von liturgischem Gerät u. ä. für die in der Krypta stattfindenden Messen eingebaut gewesen war.

Auch spricht gegen eine "Reliquienkammer", dass besondere Reliquien für die Münzenbergkirche nicht bekannt sind. Das Marienpatrozinium liefert kein Indiz für die Verehrung eines besonderen Heiligen; es spricht sogar eher dagegen, da die Kirche in diesem Fall das Patrozinium dieses Heiligen übernommen hätte.

Zum Aufgehenden über der Krypta und deren Nebenräume hat die Bauforschung bisher keinerlei Spuren gefunden. Möglicherweise wurden alle Spuren durch die Nachnutzung beseitigt.

Alle bisherigen Rekonstruktionen (ZELLER, BRINKMANN, KORF) zeigen im Osten eine Art Querriegel mit derselben Firsthöhe wie das Langhaus. Da es keine bauarchäologischen Spuren des Aufgehenden gibt (wenigstens bis heute), ist die Rekonstruktion eines Querbaus zunächst eine freie Darstellung. Vermutlich berief man sich auf eine Stadtansicht, die Quedlinburg um 1581 zeigt, auf der der Münzenberg mit einem Querbau und dahinter (!) stehenden Turm dargestellt ist. Falls der dargestellte Querbau die Kirche sein soll, so stimmt die Lage des Turms nicht, da dieser nachweislich im Süden an den "Querbau" angebaut war. Auch ist keine Apsis erkennbar. Stimmt nur die Lage des Turms nicht und wurde die Apsis vergessen? Oder ist der Querbau nicht zur Kirche gehörig? Ist die Darstellung eher eine freie Interpretation des Künstlers?

Aus dem 16./17. Jh. sind zahlreiche Stadtansichten bekannt. Eine grundsätzliche Übereinstimmung mit den örtlichen Gegebenheiten ist bei diesen sicher gegeben, insbesondere bei markanten Bauten (Befestigung, Kirchenbauten). Eine Detailgenauigkeit in allen Punkten überfordert sicher eine solche Darstellung.

Auch SCHEFTEL rekonstruiert aus unerfindlichen Gründen die Ostteile als Querhaus "ohne eigenes Chorjoch" [SCHEFTEL 2006, 175].

Ein Querhaus im üblichen Sinn ist jedoch mit Sicherheit auszuschließen. Auch hier folgt der Autor bei der Rekonstruktion der Ostteile eher LEOPOLD, der über dem Hauptraum der Krypta das Sanktuarium bzw. der Chor mit dem Hauptaltar und analog dem Kryptageschoss Nebenräume neben dem Chor annimmt. Der Fußboden in den Nebenräumen lag ca. 60 cm höher als im Chor. In den Wänden zwischen Nebenräumen und Chor waren Türen, über die diese zugänglich waren. Der Höhenunterschied von 60 cm wurde durch entsprechende Stufenanlagen überwunden. Ob dabei in der von LEOPOLD zitierten Nachricht aus dem Jahr 1240, die den Altar "Unser Lieben Frauen" zwischen Treppen gelegen nennt, die Treppen zu den Chornebenräumen gemeint sind, ist wahrscheinlich, aber letztendlich nicht eindeutig zu beantworten.

Während die Kreuzarme eines üblichen Querhauses i. d. R. von den Seitenschiffen zugänglich waren, konnten hier die Chornebenräume von den Seitenschiffen nicht betreten werden, da sich deren Fußböden ca. 2,40 m über dem Niveau des Langhauses befanden. Die Chornebenräume waren ursprünglich ausschließlich vom Chor aus zugänglich. SCHEFTEL äußert sich zu dieser Situation leider nicht.

Der Zugang zum ca. 1,80 m (nach SCHEFTEL 1,60 m) über dem Langhausfußboden gelegenen Sanktuarium erfolgte über eine oder auch zwei Stufenanlagen vom Langhaus. Der südlich des östlichen Pfeilers festgestellte »festgestampfte Block aus Mörtel und Bruchsteinen mit westlich vorgelegter Stufe, an die der Gipsestrich des Schiffs von Westen her anschließt« [LEOPOLD, 115], dürfte der untere Anfang der Treppe zum Chor gewesen sein. Ob es überhaupt eine

Entsprechung auf der Südseite gab, ist fraglich. Offensichtlich gibt es keinen ähnlichen Befund nördlich des der Südarkaden. Sofern nicht ein mittiger Aufgang rekonstruiert wird, geht man in der Regel von zwei symmetrisch angeordneten Aufgängen zum Chor aus. Weshalb eigentlich? Logistisch sind zwei Aufgänge sicher nicht erforderlich gewesen.

Vermutlich waren zunächst die Seitenschiffsdächer bis zum Ostabschluss der Kryptennebenräume durchgeführt, womit sich zwangsläufig Chornebenräume von geringerer, aber durchaus nutzbarer Raumhöhe ergaben.

Einen detaillierten Weihebericht, wie es ihn etwa für die Stiftskirche gibt, liegt für die Münzenbergkirche nicht vor, so dass wir für die Altaranordnung in der Kirche keine Angaben besitzen. Im Sanktuarium stand auf jeden Fall der Hochaltar, der üblicherweise auch der Hauptaltar der Kirche war. Da die Kirche das Patrozinium St. Marien hatte, muss der zugehörige Altar im Hochchor gestanden haben. Der Altar St. Marien wird in einer Nachricht aus dem Jahr 1240 beschrieben als »twischen der Treppen« gelegen. Während LEOPOLD dabei - wie oben bereits erwähnt - die Treppen von den Chornebenräumen in den Chor im Sinn hat, glaubt SCHEFTEL, dass die Aufgänge zum Chor gemeint sind. Bei ihm - wie schon vorher bei KORF - wäre damit der Kreuzaltar der Hauptaltar. Der Kreuzaltar ist der Altar für die Laienkirche. Dem Autor ist kein Fall bekannt, wo das Patrozinium der Kirche auf den Kreuzaltar bezogen ist.

Aus den Schriftquellen sind insgesamt sechs Altäre bekannt. Neben dem Hauptaltar St. Marien, weitere Altäre für St. Stephan und St. Katharina; weiter für St. Nikolaus (erwähnt 1308), für St. Georg (erwähnt 1327) und für St. Laurentius (erwähnt 1495/1518). Ein Kreuzaltar, obwohl neben dem Hochaltar der wichtigste Altar - soweit ein solcher überhaupt vorhanden war, wird nicht erwähnt.

Neben dem Hochaltar und dem Kreuzaltar sieht SCHEFTEL als mögliche Altarstellen die Westempore, die Krypta und das Westbauuntergeschoss [SCHEFTEL 2006, 180]. Nach Ansicht des Autors hat auf jeden Fall in der Krypta ein Altar gestanden. Auch einen Kreuzaltar vor dem Hochchor, obwohl ein solcher nicht explizit bezeugt, dürfte vorhanden gewesen sein. In der Westempore und im Untergeschoss des Westbaus sieht der Autor keine Kulträume, womit in ihnen zur Bauzeit keine Altäre gestanden haben können.

Westbau

Das erhaltene 5x3-jochige Untergeschoss ist in seiner Gestalt als abgeschlossener Raum mit zwei kleinen Zugängen im nördlichen und südlichen Joch der Ostwand und großen Fenstern sowohl im Süden als auch im Westen (im Norden ?) schon ungewöhnlich. Überdeckt ist der Raum mit gurtlosen Kreuzgratgewölben. Das Fußbodenniveau entsprach nach LEOPOLD in etwa dem des Langhauses. Nach SCHEFTEL lag der Fußboden drei Stufen tiefer als der des Langhauses [SCHEFTEL 2011]. Auch ZELLER sah den Fußboden im Westbau 0,50-0,55 m tiefer als im Langhaus.

Spuren eines Altars sind bisher nicht gefunden worden. Auffällig sind die zahlreichen und großen Fenster, wobei nur die drei Fenster der Südwand und die drei Fenster der drei südlichen Joche der Westwand archäologisch nachgewiesen sind. Fenster im nördlichen Teil sind durch spätere Veränderungen nicht nachweisbar. Da in diesem Bereich die Klausur anschloss, ist hier eine ähnliche Fenstergestaltung eher unwahrscheinlich.
Das kleine etwa mittige Fenster in der Ostwand des Untergeschosses hat mit der Bestattung im Langhaus (sog. Zentralgrab) sicher nichts zu tun, wie von SCHEFTEL vermutet. Vermutlich sollte es nur eine Sichtverbindung zum Kirchenraum ermöglichen.
Auffällig ist, dass die Jochteilung nicht mit der des Langhauses übereinstimmt, obwohl nach SCHEFTEL der Westbau zugleich mit dem Langhaus errichtet wurde. Vermutlich lag dem Westbau also eine eigene, unabhängige Konzeption zugrunde.
Die ursprüngliche Nutzung des Raumes ist unbekannt. Mit Sicherheit war der Raum, trotz der beiden Zugänge, ursprünglich keine Westkrypta, wahrscheinlich überhaupt kein Kultraum. Einen Altar hat es in diesem Raum vermutlich nie gegeben, entgegen der Rekonstruktion von SCHEFTEL. Die

kürzlich im Zentrum des Raums entdeckte Grube war nach Auffassung des Autors kein Grab, wie vermutet wird. Eine genauere Untersuchung steht noch aus. Eine Bestattung an dieser Stelle ist zunächst nicht nachvollziehbar.

Das Westbau-Untergeschoss war sowohl von der südlichen Laienseite als auch von der nördlichen Klosterseite zugänglich. Es hatte offensichtlich zumindest einen teilweise öffentlichen Charakter. Der Autor vermutet einen Zusammenhang mit dem Klosterbetrieb, möglicherweise hatte er mit dem Wirtschaften des Klosters zu tun. Die Nonnen mussten ihren Unterhalt durch Arbeiten verdienen, z. B. den Verkauf von landwirtschaftlichen Produkten aus dem Klostergarten oder durch den Verkauf handwerklicher Arbeiten. Für den Verkauf dieser Waren war ein für Laien zugänglicher Bereich erforderlich. Der Südeingang könnte dieser Laienzugang gewesen sein, während der Nordeingang den Nonnen vorbehalten war. Die Grube im Raum könnte der Aufbewahrung solcher Waren gedient haben.

Von den Umfassungswänden des Obergeschosses (oder sogar von zwei?) hatte ZELLER einen bis ca. 9 m über dem Langhausfußboden aufrecht stehenden Rest über der Nordostecke erfasst [LEOPOLD, 112]. Die Fußbodenhöhe des Obergeschosses dürfte etwa 2,90 m (nach SCHEFTEL 2,70 m) über dem Langhausniveau gelegen haben, d. h. die Umfassungswand des Westbaus hat (zumindest über der Nordostecke) noch wenigstens ca. 6 m über diese Niveau gereicht - sicher zu viel für nur ein Obergeschoss.

SCHEFTEL: "Über diesem unteren Geschoss hatte der Westbau zumindest ein weiteres Geschoss, von dem nur noch wenige Reste erhalten sind. Leibungskanten in der Ostwand zum Mittelschiff lassen auf eine dreigliedrige Öffnung zum Mittelschiff des Langhauses schließen. ... Ein Pfeilerrest mit Bogenansätzen, der im ehemaligen Obergeschoss in einer jüngeren Wand vermauert ist, läßt auf eine Einwölbung zumindest von Teilen des Obergeschosses schließen." [SCHEFTEL 2011]. Er zieht den Schluss, "dass das erste Geschoss des Westbaus ... in gleicher Weise und mit gleicher Pfeilerstellung wie das Untergeschoss des Westbaus gewölbt war" [SCHEFTEL 2006, 179].

Leider äußert sich SCHEFTEL nicht dazu, an welcher Stelle der Pfeilerrest und in welcher Höhe und in welcher Richtung die Bogenansätze erhalten sind.

ZELLER rekonstruiert in seiner Isometrie im Bereich des südlichen Jochs kein Obergeschoss. Hatte er dafür irgendwelche Anhaltspunkte?

Die Rekonstruktion von KORF zeigt über dem Obergeschoss noch ein weiteres Vollgeschoss.

Die Ostwand des erhaltenen Wandstücks über der Nordostecke weist zwei Rücksprünge auf, die nach LEOPOLD nicht zu einer Geschossdecke, aber vielleicht zu einer Treppenanlage (Zwischenpodeste) gehören könnten, die zu einem weiteren Obergeschoss führte.

Der obere Rücksprung liegt ca. 6,75 m über dem Langhausfußboden und ca. 3,85 m über dem Fußboden des ersten Obergeschosses. Vielleicht hatte die Empore im Bereich Mittelschiffs eine größere Raumhöhe und war mit einer Balkendecke überspannt, die auf diesem Mauerrücksprung auflag? SCHEFTEL rekonstruiert die gestaffelte Fenstergruppe in Abb. 5 [SCHEFTEL 2006, 176] bis zu einer Höhe von ca. 4 m, d. h. auch er geht - zumindest in dieser Darstellung - von einer größeren Raumhöhe im ersten Obergeschoss aus. Die Frage erhebt sich natürlich, ob wirklich die gleiche Pfeilerstellung im Obergeschoss vorhanden war. Mit einer Balkendecke ließen sich ohne Probleme auch zwei Joche überspannen, womit die Empore eine großzügigere Raumgestaltung erfahren könnte. Ohne genauere Kenntnisse, z. B. zu dem Pfeilerrest, sind solche Überlegungen leider nur Spekulation.

Dass die Mauerrücksprünge zu einer Treppenanlage gehören könnten, ist eher abzulehnen. Eine Treppe in der Nordostecke würde für den im nördlichen Joch der Ostwand nachgewiesenen Durchgang störend sein, wobei zu beachten ist, dass der Durchgang auch zu dem spätromanischen Umbau gehören kann.

SCHEFTEL bezweifelt die Nutzung des Obergeschosses als Nonnenempore aufgrund seiner Obergeschossrekonstruktion als Pfeilerhalle mit sehr kleinen Pfeilerabständen, die kaum die Aufstellung eines Gestühls erlauben würde [SCHEFTEL

2006, 179]. Er irrt sicher in zwei Richtungen. Erstens dürfte seine Rekonstruktion der Empore nicht zutreffen und zweitens überschätzt er sicher das Nonnenkloster hinsichtlich des Alltagsbetriebs als auch hinsichtlich der Anzahl der Nonnen. Nonnenemporen dürften dem gewöhnlichen Aufenthalt der Nonnen gedient haben. Sie gestatteten die passive Teilnahme am Geschehen in der Kirche. Da die Nonnenempore kein besonderer Kultraum war, bestanden an ihre räumliche Gestaltung sicher keine ganz besonderen Anforderungen.

Die über dem Geschoss der Nonnenempore verbleibende Höhe des Mauerrestes über der Nordostecke belegt die ursprüngliche Existenz eines weiteren Geschosses, das aber eher ein Dachgeschoss mit geringerer Geschosshöhe und ohne spezielle Nutzung gewesen sein dürfte. Überdacht war der Westbau vermutlich mit einem einfachen Satteldach.

Das heute im Museum präsentierte Modell der Kirche mit dem turmartigen Westbau und den Türmen über den westlichen Jochen der Seitenschiffe ist offensichtlich auf KORF zurückzuführen. Für LEOPOLD sind KORFs "Rekonstruktionsvorschläge des Äußeren und des Innenraums der Kirche ... mehr oder weniger freie Darstellungen" [LEOPOLD, 146, Fußnote 604]. Dem kann sich der Autor nur anschließen, der die Präsentation solcher Phantasiegebilde eher für kontraproduktiv hält.

Ein Glockengeschoss war im Westbau sicher nicht vorhanden. Wozu hätte dann der kurze Zeit später im Osten angebaute Turm gedient?

Langhaus

Vom ehemaligen Langhaus sind nur wenige Reste erhalten, so Teile der südlichen Seitenschiffswand, wobei das ursprünglich dort vorhandene spätromanische Stufenportal heute in der Wipertikirche eingebaut ist. Vom nördlichen Seitenschiff sind Unterteile der Arkadenpfeiler und der Außenwand mit Teilen eines Nordportals im westlichen Joch erhalten. [ebd., 114]

In den vier Jochen des nördlichen Seitenschiffs sind "niedrige, erheblich deformierte Gewölbe eingebaut, in den beiden westlichen Kreuzgratgewölbe auf Wandkonsolen, in den östlichen flache, unmittelbar an der Wand ansetzende Quertonnen mit von Osten und Westen eingreifenden Quertonnen" [ebd., 115]

SCHEFTEL sieht schon für den Gründungsbau zumindest im nördlichen Seitenschiff eine Empore auf einer Balkendecke [SCHEFTEL 2006, 174], der er die Rundbogenöffnung in der Ostwand des Westbaus zuordnet.

Einem späteren Umbau gehören die Gewölbe im nördlichen Seitenschiff und der massive Nord-Süd-gerichtete Gurtbogen an.

Leider sind die Angaben bei SCHEFTEL widersprüchlich. Es geht bei ihm nicht klar hervor, ob er eine spätere Einwölbung nur des nördlichen Seitenschiffs oder beider Seitenschiffe rekonstruiert. Zumindest schreibt er: "Für eine zweite Empore über dem südlichen Seitenschiff gibt (es - MM) keine Hinweise" [ebd., 177].

Schwer zu interpretieren ist eine erhaltene, eindeutig nachträglich eingefügte Wandkonsole in der nordöstlichen Ecke des Südseitenschiffs, auf der ursprünglich ein Gewölbe ansetzte [LEOPOLD, 147 Fußnote 628]. Sie könnte auf eine spätere Einwölbung des Südseitenschiffs hinweisen.

Die spannendsten Fragen bzgl. des Langhauses sind einmal die Funktion des Nord-Süd-gerichteten Gurtbogens zwischen dem westlichen Pfeiler und der nördlichen Seitenschiffswand sowie die nachträglich eingebrachten sog. Längsemporen über den Seitenschiffen.

So veranlasste der massive Gurtbogen z. B. KORF, aber auch SCHEFTEL, zur Rekonstruktion von Türmen über den Westjochen der Seitenschiffe bzw. eines Turms über dem des nördlichen Seitenschiffs. Diesem hatte jedoch schon LEOPOLD eine Absage erteilt, da die Mauerrücksprünge in dem Mauerrest über der Nordwestecke dagegen sprechen [LEOPOLD, 115f].

LEOPOLD sieht den massiven Gurtbogen im Zusammenhang mit einer vor dem Westbau angeordneten Empore, die die Seitenschiffsemporen verbunden hat [ebd., 116f]. Wie oben bereits angeführt, gibt es nach SCHEFTEL für eine Empore über dem Südseitenschiff keine Hinweise.

Der Autor hält die Rekonstruktion eines Turmes über dem Westjoch des nördlichen Seitenschiffs, SCHEFTEL spricht von einem Turm über dem Nordportal, für unzutreffend, wenn nicht sogar für abwegig. Eine solche Lösung wäre im romanischen Kirchenbau singulär, gar nicht zu sprechen von der Zugänglichkeit und Nutzung. Auch die Mauerrücksprünge, die schon LEOPOLD dagegen anführt (siehe oben), sprechen dagegen.

Genauso muss der Autor der zusätzlichen Westempore gemäß LEOPOLD eine Absage erteilen.

Die Lösung erscheint trivial und ist im Zusammenhang mit dem nachträglichen Einbau der so genannten "Längsempore" über dem Nordseitenschiff zu sehen. Die "Längsempore" war natürlich keine solche.

Durch den Einbau der Gewölbe im nördlichen Seitenschiff und der Erhöhung desselben erhielt das Nordseitenschiff ein Obergeschoss. Dieses Obergeschoss stellte eine fußläufige Verbindung, also einen Übergang, für die Nonnen vom Westbau oder auch Klausurbereich zum nördlichen Chornebenraum und von dort in den Chor her.

Auch SCHEFTEL vermutete bereits ähnliches ohne weiter dazu auszuführen [SCHEFTEL 2006, 179]. Für den Aufenthalt der Nonnen auf diesem Gang waren die Platzverhältnisse nicht ausreichend, für Fenster zum Kirchenraum gab es keine Notwendigkeit. Zur Belichtung waren sicher auf der Nordseite entsprechende Fensteröffnungen vorhanden, analog den Fenstern des Seitenschiff-Untergeschosses. Mit der Errichtung dieses Übergangs musste die Seitenschiffswand erhöht werden. Der Gurtbogen im Erdgeschoss diente der Aussteifung der Seitenschiffswand, die durch das Portal schon von vornherein eingeschränkt war. Durch die Erhöhung der Wand, aber auch durch den Schub der eingefügten Kreuzgratgewölbe war eine solche zusätzliche Versteifung notwendig. Im Obergeschoss war eine gleiche Aussteifung erforderlich, da die nachträgliche Einbindung der Wanderhöhung in den bestehenden Westbau ohne größere Schäden zu verursachen nur einschränkend erfolgen konnte.

Der Zugang vom Westbau in das Obergeschoss des nördlichen Seitenschiffs, den o. a. Übergang, könnte über die nachgewiesene Rundbogenöffnung in der Ostwand des Westbaus hergestellt worden sein. Dieser Durchgang macht jedoch erst Sinn im Zusammenhang mit dem o. a. Übergang, womit ihre Herstellung nachträglich erfolgt sein muss - wie schon LEOPOLD vermutete, wobei er diesbezüglich ein Höhenproblem sah. "Öffnung ist ... für eine Tür auffallend breit, zumal da der Scheitel ihres Bogens von dem unteren Wandrücksprung der Innenseite 1,80 m und von der auf diesem zu vermutenden Balkenlage sogar nur etwa 1,50 m Abstand hatte. Sehr wahrscheinlich gehört die Öffnung nicht zum ottonischen Bestand." [LEOPOLD, 112]. Möglicherweise irrte hier LEOPOLD, indem er den unteren Mauerrücksprung einer Decke im Westbau zuordnete. Es ist jedoch auch denkbar, dass dieser Mauerrücksprung einer ersten Planung entsprach, die gar nicht zur Ausführung gelangte.

Ob der Gründungsbau schon ein Obergeschoss über den Nordseitenschiff hatte, welche von einer Balkendecke getragen wurde [SCHEFTEL 2006, 174], ist eher anzuzweifeln. In diesem Fall könnte der Durchgang zum Westbau doch dem Gründungsbau angehört haben. Leider fehlen bei SCHEFTEL genauere Angaben. Für wahrscheinlicher hält der Autor, dass die festgestellten Balken oder Balkenlöcher (?) zur Dachkonstruktion des ursprünglichen Seitenschiffs gehörten.

Der Übergang zum Chor mündete in den nördlichen Nebenraum des Chors. Der Niveauunterschied zwischen Übergang und dem Niveau des Chornebenraums wurde mit einer Treppe überwunden. Das doppelgeschossige Seitenschiff und der Chornebenraum waren vermutlich mit einem durchgehenden Schleppdach überdacht.

Wie oben bereits erwähnt, weist eine Wandkonsole in der Nordostecke des Südseitenschiffs auf eine ursprüngliche Einwölbung in diesem Bereich hin. Am Westbau scheint kein entsprechender Befund vorzuliegen, sonst wäre dieser sicher irgendwo erwähnt. Heute sind an der Südseite des vollkommen rekonstruierten mittleren Mittelschiffspfeilers und gegenüber an der Außenwand des Südseitenschiffs gleiche Konsolen zu sehen. Der Autor geht davon aus, dass der Rekonstruktion der Konsolen an diesen Stellen kein wirklicher

Befund zugrunde lag, ansonsten hätte LEOPOLD einen solchen sicher erwähnt. Die Konsole in der Nordostecke des Südseitenschiffs belegt, dass zumindest im östlichen Joch des Südseitenschiffs nachträglich eine von einem Gewölbe getragene Decke eingezogen wurde. Ob in den westlich anschließenden Jochen ebenfalls solche Gewölbe eingezogen waren, muss offen bleiben. Dass im Süden ein ähnlicher Übergang bestand, ist kaum anzunehmen. Warum hätte dieser doppelte Aufwand betrieben werden sollen? Sicher wäre auch denkbar, dass man statt einer sichtbaren Dachkonstruktion oder einer Balkendecke analog dem Nordseitenschiff eine Gewölbedecke ohne eine Nutzung darüber einbaute. Aber warum dieser Aufwand? Nur wegen der Ansicht? Die auffällige Schlichtheit der verbliebenen Baureste machen nicht den Eindruck, dass Geld beim Bau keine Rolle spielte.

Der südliche Chornebenraum wurde sicher genutzt, vielleicht als Sakristei. Schon LEOPOLD vermutete, dass die Chornebenräume (bei LEOPOLD als Chorflankenräume bezeichnet) als Sakristei und Schatzkammer genutzt wurden. Da der nördliche Nebenraum jedoch für diese Nutzung entfällt, müssten Sakristei als auch die Schatzkammer im südlichen Nebenraum untergebracht gewesen sein.

Vielleicht war das Gewölbe im östlichen Joch des Südseitenschiffs eine Raumerweiterung, zugänglich vom südlichen Chornebenraum, z. B. für die Schatzkammer.

Die früheren Spekulationen hinsichtlich Langhausemporen wie in der Stiftskirche in Gernrode sind unhaltbar, zumal diese dort zu diesem Zeitpunkt schon zurückgebaut waren.

Das so genannte "Zentralgrab" in der Kirchenachse unmittelbar vor dem Westbau ist das einzige nachgewiesene Grab im Kirchenraum. Naheliegend ist, dass diese Grabstelle ein Stiftergrab (Mann oder Frau?) ist. Kopfnischengräber werden üblicherweise in das 11./12. Jh. datiert, kommen vermutlich aber auch im 13. Jh. noch vor. (Z. B. datiert das Kopfnischengrab in der Vorkammer des Heiligen Grabes in Gernrode in die Zeit um 1150 [MEISEGEIER 2018, 44].) Die herausragende Bedeutung, die SCHEFTEL dieser Grabstelle zumisst, sieht der Autor nicht. Die von ihm gesehene

Ausrichtung des kleinen Fensters in der Ostwand des Westbauuntergeschosses ist reine Spekulation.

Das heute im Erdgeschoss des Turmes gezeigte Grab wurde erst im Rahmen der Einrichtung zum Museum dorthin verbracht. In der Grube im Westbauuntergeschoss sieht der Autor keine Grabstelle.

Der Abschluss der großen Baumaßnahmen an der Münzenbergkirche bilden der Portaleinbau um 1220 in die Außenwand des Südseitenschiffs und der Anbau des Glockenturms an der Südseite des Ostbaus. SCHEFTEL zweifelt zwar an der Fertigstellung des Turms, ohne jedoch Belege dafür vorlegen zu können. Die Glockenstiftung zwischen 1184 und 1203 kann nur für diesen Turm erfolgt sein - einen anderen gab es entgegen SCHEFTEL nie an diesem Kirchenbau.

Datierung

Die Reste des Baus bieten nur wenig Möglichkeiten ihrer Datierung. Da bis auf das vermutlich später eingebaute Stufenportal, das heute in der Wipertikirche verbaut ist, jeglicher Bauschmuck fehlt, entfällt im Prinzip auch eine stilkritische Betrachtung. Für die wenigen bauplastischen Stücke, die heute im Museum präsentiert werden, sind die generelle Zuordnung zum Bau sowie die ursprünglichen Einbauorte unbekannt.

Die Raumkonzeption der Krypta offenbart, dass die Krypta auf keinen Fall zu den frühen Krypten der ersten Hälfte des 11. Jh. gehört, welche vorrangig dem *accessus ad confessionem*, also dem Zugang zu einem Heiligengrab, dienten.

Der Hauptraum der Krypta ist hier zu einem Großraum aufgeweitet. Dieser nimmt die gesamte Grundfläche des Sanktuariums ein und bot damit einer größeren Anzahl von Menschen für die Teilnahme am Gottesdienst Platz. Die Krypta war damit einfach ein separater Kultraum, z. B. für Privatmessen, wofür letztendlich natürlich ein Altar in ihr unabdingbar war, auch wenn dieser bis heute nicht nachgewiesen ist.

Allein von der Konzeption her ist die Krypta mit ihren Nebenräumen frühestens in das Ende des 11. Jh. oder um 1100 zu datieren.

Damit ist der Baubeginn des Kirchenbaus um 1100 zu datieren. Die Hauptbauzeit der Kirche ist im 12. Jh. zu sehen. Auch der Umbau im nördlichen Seitenschiff erfolgte noch im 12. Jh. LEOPOLD hält die Wandkonsolen der Kreuzgratgewölbe in den beiden westlichen Seitenschiffsjochen für spätromanisch [LEOPOLD, 147, Fußnote 636], die Gewölbe in den beiden östlichen Jochen für noch jünger.

Ein Anhaltspunkt für die Datierung der Errichtung des Übergangs könnte die Stiftskirche in Gernrode liefern. Noch im 12. Jh. wird in Gernrode der doppelgeschossige Kreuzgang angebaut, der eine bequeme Verbindung vom Dormitorium im Ostflügel der Klausur in deren neuen Westchor herstellt, ohne den Klausurbereich verlassen zu müssen.

Auch für den Einbau von Räumen für eine Schatzkammer und eine Sakristei gibt es Vorbilder in der näheren Umgebung. Um 1150/60 werden in Gernrode eine Sakristei und Schatzkammer errichtet [MEISEGEIER 2018, 36], die heute als Heiliges Grab bekannte Anlage. Um 1160 wird in der Stiftskirche auf dem Burgberg der Ziter samt Vorraum (Sakristei) eingebaut.

Möglicherweise zogen sich die Baumaßnahmen das gesamte 12. Jh., ja sogar bis in das 13. Jh. mit dem Einbau des spätromanischen Portals und der Errichtung des Turmes hin. Inwieweit eine Nutzung der Kirche oder von Teilen dieser vorab erfolgte, darüber gibt es keine Hinweise.

Klausur

Die Klausurgebäude haben vermutlich im Nordwesten gelegen. Die heute noch vorhandene Klosterküche liegt ca. 40 m nordwestlich der Kirche. Sie dürfte am Nordflügel der Klausur angebaut gewesen sein, in dem sich auch das Refektorium befand. Der Ostflügel mit dem Dormitorium im Obergeschoss wird im Norden an den Westbau der Kirche angeschlossen haben. Wegen der Geländesituation auf dem Münzenberg war die Klausur nach Westen zurückgesetzt. Das

Nordportal im westlichen Joch des Langhauses war der direkte Zugang von der Klausur in die Kirche.

Einen direkten Zugang von der Klausur in das Obergeschoss des Westbaus, die so genannte Nonnenempore, hat es sicher von Anfang an gegeben. Ob auch im Untergeschoss ein direkter Zugang vorhanden war, ist sicher nicht völlig auszuschließen.

St. Servatius, St. Wiperti und St. Marien als Eigenkirchen

Der Autor sieht in allen drei Kirchen - wie dort erwähnt - ursprünglich Eigenkirchen eines oder verschiedener Grundherrn. Befreit man die Geschichte der drei Quedlinburger Kirchen von der späteren Ausschmückung mit königlichen oder sogar kaiserlichen Pomp und von der Verklärung des Mittelalters, so lässt die frühe Geschichte jeglichen Glanz vermissen. Eine ordnende Hand oder sogar ein größerer Plan ist nicht zu erkennen, ganz zu schweigen von königlicher oder kaiserlicher Förderung.

Neben der Abwesenheit der päpstlichen Autorität ist auch keine Einflussnahme eines Bischofs erkennbar.

Allein die rekonstruierte Baugeschichte schließt eine königliche oder sogar kaiserliche Eigenkirche aus. Für einen solchen Kirchenbau hätte die Baugeschichte sicher anders ausgesehen. Vermutlich hätte man einen großzügigen Neubau errichtet, statt den bestehenden Bau über einen langen Zeitraum sukzessive umzubauen.

Übrigens waren die Bischöfe um die Jahrtausendwende zunächst damit befasst, ihre Bischofssitze mit ansehnlichen (Eigen-)Kirchenbauten zu versehen. Um 1000 wurden Kirchenneubauten in Halberstadt, Magdeburg, Hildesheim und Naumburg errichtet, um im sächsischen Gebiet zu bleiben.

THIER hält das Eigenkirchenwesen für ein seit Mitte des 8. Jh. weit verbreitetes Phänomen, dessen prägendes Merkmal die eigentumsähnliche Verfügungsherrschaft des Eigenkirchenherren an den jeweiligen Kirchen und ihrem Vermögen ist [http://www.rwi.uzh.ch/elt-lst-thier/rgt/pars1/de/html/epochenpraegendes_2114.html].

Der Höhepunkt des Eigenkirchenwesens sei im 9. und 10. Jh. [Wikipedia].

SCHLOTHEUBER (Uni Düsseldorf): "... die Eigenkirche stand ... faktisch vielfach außerhalb der Kirchenhierarchie." [https://www.uni-muenster.de/imperia/md/content/geschichte /.../e-hofkapelle.doc]

Nach Meinung des Autors hat die etablierte Forschung das Eigenkirchenwesen bisher nicht richtig verstanden. Sie muss zwangsläufig, aufgrund ihres unzutreffenden Geschichtsbildes der allgemeinen Geschichte als auch der Kirchengeschichte, zu einer falschen Beurteilung des Eigenkirchenwesens gelangen. Die falsche Datierung in das 9. und 10. Jh. ist einfach den gefälschten bzw. falsch datierten Schriftquellen geschuldet. In Wirklichkeit entstehen die ersten Eigenkirchen etwa im letzten Drittel des 10. Jh. Der Höhepunkt des Eigenkirchenwesens dürfte um die Mitte des 11. Jh. zu datieren sein.

Das Eigenkirchenwesen war kein weit verbreitetes Phänomen - wie THIER meint -, sondern die erste Entwicklungsstufe der Kirchenorganisation im Westen (Frankenreich, Sachsen).
Diese Kirchen waren zunächst reine Landeskirchen. Sie waren hierarchisch aufgebaut. Jeder Grundherr hatte das Recht, auf seinem Grundstück Eigenkirchen zu errichten und zu unterhalten.
Höchste kirchliche Instanz war der jeweilige weltliche Herrscher, der König bzw. der Stammesherzog. Für die kirchliche Aufsicht teilte dieser sein Herrschaftsterritorium in Bistümer ein und setzte ihm ergebene Bischöfe ein.
Jedoch war die mögliche Einflussnahme des Bischofs rechtlich auf die Einweisung des Geistlichen beschränkt; er wurde aber tatsächlich oft überhaupt nicht zugezogen. [http://de.mittelalter.wikia. com/wiki/Eigenkirche].
SCHLOTHEUBER: "Sie (die Eigenkirchen - MM) gehörten zur Grundherrschaft (wie die Mühlen oder die Meierhöfe) und der Grundherr hatte das Recht der Investitur, also das Recht den Pfarrer oder Abt ein- bzw. abzusetzen, ohne weitere Eingriffsrechte des zuständigen Diözesanbischofs." [https://www.uni-muenster.de/imperia/md/content/geschichte /.../e-hofkapelle.doc]
Sehr zu vermuten ist, dass selbst die Weihe der Eigenkirchen als auch der Altäre ohne Hinzuziehung eines Bischofs erfolgte.

In dieser flachen Hierarchie dieser ersten Kirchenorganisation war das Papsttum noch gar nicht existent.

Das Papsttum bildete sich erst in der ersten Hälfte des 11. Jh. heraus, weshalb es in dieser Zeit im Westen noch nicht in Erscheinung treten konnte. Entstanden aus dem von Justinian I. im 10. Jh. gegründeten Patriarchat Rom musste sich die römische Kirche, die die Herrschaft über die Christen im Westen für sich beanspruchte, zunächst von der Vormundschaft des Patriarchats von Konstantinopel befreien.
(Zur Datierung von Justinian I. in das 10. Jh. siehe [MEISEGEIER 2017].)
Dieser Befreiungsschlag gelang letztendlich 1054 mit der Trennung von Ost- und Westkirche. Erst danach hatte die römische Kirche, deren Bischof jetzt als Papst "firmiert", den Rücken frei, um sich um die Belange im beanspruchten Herrschaftsbereich zu kümmern. Dort hatte sich jedoch schon - ohne römische Einflussnahme - eine Kirchenorganisation entwickelt, in der die adligen Grundherrn die Träger der Entwicklung waren - das Eigenkirchenwesen.

Wollte das Papsttum seinen Anspruch, das Oberhaupt der Kirche im Westen zu sein, verwirklichen, so musste es diese vorangegangene Entwicklung stoppen und eine neue Kirchenorganisation installieren, in deren Hierarchie das Papsttum in oberster Position stand. Natürlich ging das nicht konfliktlos vonstatten. Diese Auseinandersetzung ist als Investiturstreit in die Geschichte eingegangen, der allgemein von 1076 bis 1122 datiert. Der desolate Zustand der Kirche infolge der weitgehend ökonomischen Ausrichtung des Eigenkirchenwesens spielte dem Papsttum in diesem Streit als Argumentationshilfe in die Hände.
Am Ende konnte sich das Papsttum weitestgehend durchsetzen. Im Jahre 1179 wurde das Eigenkirchenrecht der Laien in ein Patronatsrecht umgewandelt [Wikipedia].
Zur Durchsetzung der kirchlichen Interessen bis nach ganz unten erfolgte ebenfalls im 12. Jh. die Einführung des Pfarrsystems.

Wie sah die wirtschaftliche Basis einer Eigenkirche aus? Durch die nicht unerheblichen Erträge der Eigenkirche, die sämtlich dem Grundherrn zugutekamen, war diese für den Grundherrn ein Vermögensobjekt [http://de.mittelalter.wikia. com/wiki/Eigenkirche].

"Mit der allgemeinen Durchsetzung des Zehntgebotes wurde es umso lukrativer, Eigenkirchen einzurichten, brachten sie nun doch einen Gewinn, der sie zu begehrten Objekten für Tausch, Beleihung, Kauf und Verkauf, Schenkung und Erbschaft machte." [https://www.mittelalter-lexikon.de/ wiki/Eigenkirche]

Dazu noch THIER (Uni Zürich): "Die Zehntleistung an eine Eigenkirche kam damit faktisch dem Eigenkirchenherren zugute, die Errichtung von Eigenkirchen wurde damit zu einer wirtschaftlich attraktiven Investition für den Grundherren, auf dessen Besitz die neue Kirche errichtet wurde und der auf diese Weise seine Kapitalbasis in die kirchliche Sphäre hinein erweiterte." [http://www.rwi.uzh.ch/elt-lst-thier/rgt/pars1/de/html/ epochenpraegendes_2114.html]

Während der Zehnt bei Eigenkirchen gedrittelt war, wovon zwei Drittel dem Eigenkirchenherrn und ein Drittel dem Pfarrer zukamen, wurde der Zehnt bei den späteren Pfarrkirchen geviertelt, wobei jetzt je ein Viertel dem Bischof, dem Pfarrer, den Armen und Fremden sowie dem Kirchenbau (fabrica ecclesiae) zukam [http://genwiki.genealogy.net/Zehnt]. Dem Grundherr blieben der Anteil Kirchenbau und die Gebete zu seinem und seiner Familie Seelenheil und null Rendite. Das "Geschäftsmodell Eigenkirche" hatte sich damit erledigt.

Offensichtlich standen die Eigenkirchen eines Gebietes im Wettbewerb untereinander. Das lässt sich auch an der frühen Geschichte der drei hier betrachteten Kirchen ablesen.

Diese erinnern verblüffend an heutige Unternehmen, welche sich in einem ruinösen Wettbewerb mit anderen gleich ausgerichteten Unternehmen befinden.

Wie oben bereits angeführt erfolgte die Errichtung und das "Betreiben" einer Eigenkirche mit dem Ziel, einen Gewinn zu erzielen, war also letztendlich eine wirtschaftliche Unternehmung.

Um bei der Terminologie eines Unternehmens zu bleiben: Geschäftsfeld einer Kirche war das Vollziehen der liturgischen Handlungen wie das Lesen der heiligen Messe, das Spenden der Sakramente, darunter die Taufe.

Um als Wirtschaftsunternehmen Erfolg zu haben, benötigte es ein Alleinstellungsmerkmal. Das war bei dem kleinen Kirchenbau auf dem Burgberg am Anfang sicher dadurch gegeben, dass er in einem weiten Umkreis zunächst als Einziger diese Leistungen anbot. Dieses Alleinstellungsmerkmal ging relativ schnell verloren, da weitere Kirchenbauten als Konkurrenten im Umkreis entstanden. Da die Christianisierung erst anlief, hatte das vermutlich zunächst noch keine negativen Auswirkungen. Der Bedarf an der Leistung "Taufe" war anfangs sicher groß, weshalb auch mehrere Kirchen nebeneinander leben konnten. Aber nach kurzer Zeit dürfte die ansässige Bevölkerung getauft gewesen sein. Der überhöhte Bedarf an der Taufe zu Beginn der Christianisierung ging zwangsläufig auf das Normalmaß zurück, da nur noch Neugeborene zu taufen waren. Spätestens jetzt machte sich die Konkurrenz negativ bemerkbar. Die Kirchen bekamen existenzielle Probleme, vergleichbar einem Wirtschaftunternehmen unter solchen Bedingungen.

Da zunächst alle Kirchen im Umkreis dieselben Leistungen anboten, wurden andere Faktoren für den Erfolg einer Kirche entscheidend. So u. a. die Lage. Die Kirche auf dem Burgberg, aber auch die Wipertikirche im Tal lagen objektiv gesehen ungünstig. Der Ort Quedlinburg hatte sich nördlich des Burgbergs entwickelt. Der Weg auf den Burgberg war sicher beschwerlich. Die Wipertikirche lag auf der anderen Seite des Berges und war ebenso ungünstig zu erreichen.

Jetzt hatte ein Kirchenbau inmitten der Ortslage die Nase vorn. So wird der Bau z. B. der Marktkirche St. Benedikti um 1100 gesehen. Die Kirche in der Ortslage erhielt den Zulauf der Bevölkerung, die Kirchenbauten außerhalb hatten das Nachsehen.

Um diesen Standortnachteil zu kompensieren, mussten sich diese etwas einfallen lassen. Der Kirche auf dem Burgberg gelang dieses durch die Eröffnung eines neuen Geschäftsfeldes - die Gründung eines Damenstifts, die Erziehung und Betreuung junger adliger Damen. Möglicherweise hat die kurz vor 1050 in Gernrode erfolgte Gründung der Damenstiftskirche die Idee geliefert [MEISEGEIER 2018, 16].

Nebenbei: Bemerkenswert ist, dass die bekannten früh- bzw. hochmittelalterlichen Damenstifte alle in Sachsen liegen bzw. Westfalen, das in altsächsischer Zeit zu Sachsen gehörte. Das gilt für die in Wikipedia genannten Damenstifte wie Quedlinburg, Gernrode, Gandersheim, Herford, Meschede und Essen. Nur das ebenfalls angeführte St. Cäcilien in Köln liegt nicht im ehemaligen sächsischen Gebiet, wobei die Existenz des Damenstifts dort nach Meinung des Autors äußerst fraglich ist. Die heutige Kirche ist ein Bau des 12. Jh. Sie hatte zwei Vorgängerbauten (nach JACOBSEN [JACOBSEN/ SCHAEFER/SENNHAUSER, 218f]: Bau I: Saalbau mit Rechteckchor, Bau II: Saalkirche mit Rechteckchor, Längsannexen, Westchor und -krypta) wurde ergraben. Nach Auffassung des Autors sind die Nachrichten/Urkunden des 9./10. Jh. Fälschungen. Die Vorgängerbauten dürften durchweg dem 11. Jh. angehören.

Zurück zur Stiftskirche in Quedlinburg: Ob die Präsentation der Reliquien der HII. Laurentia und Stephana und die Errichtung der Krypta ein gesonderter Versuch war, die Attraktivität der Kirche zu erhöhen, oder aber im Zusammenhang mit der Damenstiftsgründung erfolgte, ist nicht mehr ermitteln.

Auf jeden Fall hat der sehr ähnliche Versuch mit dem Einbau einer Krypta für die Wipertikirche nicht zum Erfolg geführt. Die recht grobe Ausführung und die Verwendung von Spolien belegt den nur noch geringen vorhandenen finanziellen Spielraum damals.

Von DAMAROS und WOZNIAK sehen in dem "teils unprofessionellen Aufbau der Krypta" sowie in den "zahlreichen offensichtlich wahllos zusammengeworfene Spolien" nur einen Hinweis auf eine gewisse Eile bei der baulichen Umsetzung [v. DAMAROS / WOZNIAK, 292].

Auch in dieser Hinsicht dürften sie irren. Es war einfach kein Geld da für eine qualitätvolle Ausführung. Vermutlich wurde die Krypta nicht fertiggestellt, wofür der nur im Südseitenschiff ausgeführte Stuckfries ein Hinweis sein könnte [ebd., 290]. Die Kirche wurde im Laufe des 11. Jh. aufgegeben, bis der Bau dann im 12. Jh. von den Prämonstratensern übernommen wurde.

Die Gründung der Klosterkirche St. Marien um 1100 erfolgte inmitten dieser angespannten Situation. Dass die Ausstattung mit finanziellen Mitteln von Anfang an durchaus zu wünschen übrig ließ, ist dem bescheidenen Bau bzw. an seinen Resten überall abzulesen. Eine Klosterkirche konnte sich in diesem Umfeld nur über Wasser halten, weil die Nonnen neben dem Angebot ihrer Grundleistungen auch gewerblich tätig waren.

Literaturverzeichnis

Anwander, Gerhard (2004): Wibald von Stablo – Hans Constantin Faußner: Mutiger Forscher entlarvt genialen Fälscher. Langfassung zum Artikel der ZEITENSPRÜNGE 2003/3. Entwurf vom 10.03.2004

Arndt, Mario (2015): Die wohlstrukturierte Geschichte: Eine Analyse der Geschichte Alteuropas. BoD Norderstedt

Bellmann, Fritz (1967): Die Krypta der Königin Mathilde in der Stiftskirche zu Quedlinburg. In: Kunst des Mittelalters in Sachsen. Festschrift für Wolf Schubert, Weimar, 44 – 59

Braun, Joseph (1924): Der christliche Altar in seiner geschichtlichen Entwicklung. Band 1: Arten, Bestandteile, Altargrab, Weihe, Symbolik, München

v. Damaros, Ulrich / Wozniak, Thomas (2006): St. Wiperti in Quedlinburg. In: Beuckers, Klaus Gereon u. a. (Hrsg.): Die Ottonen. Kunst-Architektur-Geschichte, Petersberg, 285-292

Erdmann, Carl (1968): Ottonische Studien. Hrsg. von Helmut Beumann, Darmstadt

von der Forst, Clarissa (2008): Die Stiftskirche St. Servatius in Quedlinburg. Zum Stand der Forschungsdiskussion der ottonischen Vorgängerbauten. Weimar

Franz, Dietmar (2009): Hans Constantin Faußner - Wibald von Stablo - Thietmar von Merseburg. In ZEITENSPRÜNGE 21(1), 231-249

Illig, Heribert (2001): Wer hat an der Uhr gedreht? wie 300 Jahre Geschichte erfunden wurden, Econ-Taschenbuch, 4. Auflage, München

Illig, Heribert (2007): Arbeitsentlastung für Wibald. Eine Wandlung der These von Hans Constantin Faußner. In ZEITENSPRÜNGE 19(2), 407-412

Jacobsen, Werner / Schaefer, Leo / Sennhauser, Hans Rudolf (1991): Vorromanische Kirchenbauten. Katalog der Denkmäler bis zum Ausgang der Ottonen. Nachtragsband, München, 332-333

Jacobsen, Werner (1995): Zur Frühgeschichte der Quedlinburger Stiftskirche. In: Denkmalkunde und Denkmalpflege. Wissen und Wirken. Festschrift Heinrich Magirius zum 60. Geburtstag. Dresden, 63-72

Lehmann, Edgar (1987): Die „Confessio" in der Servatiuskirche zu Quedlinburg. In: Skulptur des Mittelalters. Funktion und Gestalt. Weimar, 9-26

- (2010): Die ottonischen Kirchen St. Servatii, St. Wiperti und St. Marien in Quedlinburg. Zusammenfassende Darstellung der archäologischen und baugeschichtlichen Forschungen von 1936 bis 2001. Landesamt für Denkmalpflege und Archäologie Sachsen-Anhalt, 14-74, Fig. 1-66, Abb. 1-93

Meisegeier, Michael (2016): Frühe Kirchenbauten in Mitteldeutschland. Alternative Rekonstruktionen der Baugeschichten. BoD Norderstedt

Meisegeier, Michael (2017): Der frühchristliche Kirchenbau - das Produkt eines Chronologiefehlers. Versuch einer Neueinordnung mit Hilfe der HEINSOHN-These. BoD Norderstedt

Meisegeier, Michael (2018): Das Heilige Grab in Gernrode - alles klar, oder? Eine alternative Baugeschichte. BoD Norderstedt

Mrusek, Hans-Joachim (1963): Drei deutsche Dome. Dresden

Oswald, Friedrich / Schaefer, Leo / Sennhauser, Hans Rudolf (1990): Vorromanische Kirchenbauten. Katalog der Denkmäler bis zum Ausgang der Ottonen, München (unveränderter Nachdruck der Ausgabe von 1966-1971)

Scheftel, Michael (2006): Die ehemalige Klosterkirche St. Maria auf dem Münzenberg Quedlinburg:
Zur Baugeschichte, Gestalt und Nutzung einer ottonischen Klosterkirche; in: Bericht über die 43.Tagung für Ausgrabungswissenschaft und Bauforschung. Stuttgart, 171–180.

Scheftel, Michael (2011): Die ehemalige Klosterkirche St. Marien auf dem Münzenberg in Quedlinburg. Neue Erkenntnisse zum Westbau. In: Mitteilungen der DGAMN (Die Deutsche Gesellschaft für Archäologie des Mittelalters und der Neuzeit e. V.): Religiosität in Mittelalter und Neuzeit, Bd. 23 (2011), S. 169-170

Schimpff, Volker (2017): Pfalzenforschung im und am Mittelharz: Anmerkungen zu einer Neuerscheinung über die königlichen Aufenthaltsorte von der Werla bis Quedlinburg. In: Sonderdruck in Beiträge zur Ur- und Frühgeschichte Mitteleuropas 82, 433–460

Schmitt, Reinhard (2006): Schlossberg in Quedlinburg. In: Beuckers, Klaus Gereon u. a. (Hrsg.): Die Ottonen. Kunst-Architektur-Geschichte, Petersberg, 267-272

Untermann, Matthias (2006): Architektur im frühen Mittelalter. Darmstadt

Voigtländer, Klaus (1989): Die Stiftskirche St. Servatii zu Quedlinburg. Berlin

Wäscher, Hermann (1959): Der Burgberg in Quedlinburg. Geschichte seiner Bauten bis zum ausgehenden 12. Jahrhundert nach den Ergebnissen der Grabungen von 1938 bis 1942. Berlin